ABHANDLUNGEN
DER AKADEMIE DER WISSENSCHAFTEN DER DDR
Abteilung Veröffentlichung der Wissenschaftlichen Räte
Jahrgang · 1981 Nr. W 4

Tagung des Rates für staats- und rechtswissenschaftliche Forschung
an der Akademie der Wissenschaften der DDR
am 5. Mai 1980

Die Herausbildung und Entwicklung junger Nationalstaaten

Tendenzen ihrer Verfassungsentwicklung

AKADEMIE-VERLAG · BERLIN 1982

Herausgegeben im Auftrage des Präsidenten
der Akademie der Wissenschaften der DDR
von Vizepräsidenten Prof. Dr. Heinrich Scheel

Verantwortlich für dieses Heft:
Prof. Dr. Gerhard Schüßler
Vorsitzender des Rates für staats- und rechtswissenschaftliche Forschung
an der Akademie der Wissenschaften der DDR

Redaktionsschluß: 3. 11. 1980

ISSN 0302-8054
Erschienen im Akademie-Verlag, DDR - 1086 Berlin, Leipziger Str. 3—4

Lizenznummer: 202 · 100/76/81
Gesamtherstellung: IV/2/14 VEB Druckerei »Gottfried Wilhelm Leibniz«,
4450 Gräfenhainichen · 5930
Bestellnummer: 753 969 5 (2001/81/4/W · LSV 0425
Printed in GDR
DDR 8,50 M

Inhaltsverzeichnis

Vorwort

Die Herausbildung und Entwicklung junger Nationalstaaten und Tendenzen ihrer Verfassungsentwicklung war das Thema der am 9. Mai 1980 in der Karl-Marx-Universität Leipzig durchgeführten Tagung des Rates für staats- und rechtswissenschaftliche Forschung an der Akademie der Wissenschaften der DDR.

Die interessante, grundlegende Probleme der Gesetzmäßigkeiten von Gesellschaft, Staat und Recht erörternde Tagung vermittelte nicht nur einen tieferen praxisnahen Einblick in die sich insbesondere auf dem afrikanischen Kontinent vollziehenden revolutionären Prozesse, sondern sie gab gleichzeitig wesentliche Hinweise und Impulse für die weitere wissenschaftliche Arbeit auf diesem Gebiet.

Herbert Graf

Zur Herausbildung und Entwicklung junger Nationalstaaten

Die Herausbildung und Entwicklung junger Nationalstaaten[1] ist ein bedeutendes Ereignis unserer Zeit. Von den etwa 160 derzeit existierenden Staaten sind zwei Drittel aus ehemaligen Kolonien bzw. Halbkolonien hervorgegangen.[2]

Die Entstehung und Entwicklung junger Nationalstaaten ist nach der Großen Sozialistischen Oktoberrevolution und der davon ausgehenden Entwicklung der Sowjetunion als ersten sozialistischen Staat der Welt sowie der Herausbildung sozialistischer Staaten in Europa, Asien und auf dem amerikanischen Kontinent, die bedeutendste Veränderung der gesellschaftlichen, politischen, staatlichen und rechtlichen Strukturen der Welt in unserem 20. Jahrhundert.

Zur Zeit der Großen Sozialistischen Oktoberrevolution lebten bekanntlich etwa 70 % der Weltbevölkerung in Kolonien und Halbkolonien, der damaligen Hauptmächte des Imperialismus.[3] Heute ist das Kolonialsystem des Imperialismus zusammengebrochen. Am 18. April 1980 wurde mit der Unabhängigkeit Simbabwes das letzte heiß umkämpfte Relikt englischen Kolonialbesitzes beseitigt. Ursachen und Umstände des Werdens allein dieses jüngsten Staates vermitteln uns ein Bild der politischen, ökonomischen, staatlichen, rechtlichen, militärischen, sozialen und ethnischen Aspekte, die als Ausdruck und Ergebnis der Klassenkämpfe, zu dieser Staatsbildung führten. Wir waren und sind Zeugen wesentlicher nationaler und internationaler Faktoren, die die Entstehung und Entwicklung dieses Staates beeinflußten und beeinflussen.

Das waren und sind u. a.

a) Der Kampf der Patrioten Simbabwes gegen das illegale Smith-Regime, der Kampf der Patrioten verschiedener Klassen gegen den politischen-, militärischen- und Polizeiapparat des imperialistischen Staates, gegen Rassismus und für nationale Unabhängigkeit.

b) Die kämpferische Solidarität der Bürger und der politischen Organisationen der sozialistischen Staaten und der fortschrittlichen Kräfte der Welt, besonders auch der afrikanischen Länder für die kämpfenden Patrioten Simbabwes.
Wir erlebten, wie die Existenz des real existierenden Sozialismus zu einer Limitierung der Kräfte und Möglichkeiten des Imperialismus und zu einer Stärkung der Kräfte führte, die, – wenn auch mit unterschiedlichen ideologischen Positionen – für Fortschritt und Unabhängigkeit kämpften.

c) Das Scheitern der imperialistischen Versuche durch die sogenannte innere Lösung – einer Koalition rassistischer weißer Kräfte mit dem Kolaborateur Bischof Abel Muzerewa – die Patrioten Simbabwes der Früchte des Kampfes zu berauben. Wir waren Zeugen des Debakels eines erneuten imperialistischen Versuches den alten Staatsmechanismus allein mit einer neuen Dekoration über die nächste Runde zu retten, um auf diesem Wege den Monopolen den weiteren Zugriff zu den Rohstoffen dieses Landes zu gewährleisten.

d) Das Streben des Imperialismus mit der am 18. April 1980 in Kraft getretenen, aus bürgerlicher Rechtskonzeption geborenen, dem Westminster Modell angelehnten Verfassung von Simbabwe, dem jungen Staat nicht nur Merkmale sondern im rechtlichen Bereich auch Erbfaktoren des überlebten imperialistischen, politisch-staatlichen Systems zu hinterlassen (darin eingeschlossen sind selbst solche rassistischen Rudimente, wie die gesetzlich geregelte Überpräsenz der Weißen im Parlament[4] und verfassungsmäßige Grenzen der Entscheidungsfreiheit der Leitungsorgane des nunmehr unabhängigen Staates z. B. auf dem Gebiet der Landpolitik[5].

e) Die Probleme, Widersprüche und großen gesellschaftlichen Konflikte, die die imperialistische Kolonialpolitik im heutigen Simbabwe erzeugt und hinterlassen hat. So u. a. der Widerspruch zwischen Kapital und Arbeit, zwischen dem Reichtum der Weißen und der Armut der Afrikaner, die Rückständigkeit im Bildungs- und Sozialwesen, sowie die ethnischen und sprachlichen Grenzen und Differenzen, die sich erschwerend auf den Entwicklungsprozeß der Gesellschaft, der Nation, des Staates und des Rechts auswirken. Unschwer ist dabei auch ein Gegensatz der Interessen der rhodesischen Arbeiter nach sozialem Fortschritt, der Bauern nach Land in manchen rechtlichen Regelungen der Verfassung zu erkennen, die im Ergebnis von Kompromissen als ein Teil der Abkommen vom Dezember 1979 und nicht als Resultat des Willens des Volkes von Simbabwe entstanden ist und nun als Grundgesetz wirkt.

Eine Vielfalt von nationalen und internationalen Faktoren erkennen wir ebenso im Streben des Volkes von Namibia nach Unabhängigkeit und im Kampf des palästinensischen Volkes, um nationale Rechte, einschließlich seines Rechtes auf einen eigenen, unabhängigen Staat unter Führung der PLO.

Es ist eine unumstößliche historische Tatsache, daß die Große Sozialistische Oktoberrevolution und das Erstarken der Sowjetunion die grundlegenden internationalen Bedingungen dafür schufen, daß die nationalen Befreiungsbewegungen sich entwickeln und der Kampf um die Unabhängigkeit gegen die imperialistischen Kolonialmächte erfolgreich geführt werden konnten.

Nehru, der erste Regierungschef des unabhängigen Indiens, nannte die Große Sozialistische Oktoberrevolution ein edles und unvergeßliches Kapitel der Menschheitsgeschichte.[6]

Unmittelbare Wirkung hatte bekanntlich die Große Sozialistische Oktoberrevolution auf die Volksrevolution in der Mongolei, Afghanistan erkämpfte seine nationale Unabhängigkeit, die Türkei festigte ihre nationale Souveränität. Der nationale Befreiungskampf in Indien, Ägypten, Irak, Syrien, Indochina, Korea gewann an Kraft.[7] Unmittelbar und im geschichtlichen Prozeß bestätigte sich die Aussage Lenins, daß „die sozialistische Revolution nicht nur und nicht hauptsächlich ein Kampf von revolutionären Proletariern eines jeden Landes gegen die Bourgeoisie sein wird, nein, sie wird ein Kampf aller vom Imperalismus unterdrückten Kolonien und Länder, aller abhängigen Länder gegen den internationalen Imperialismus sein.“[8]

Hatte die Große Sozialistische Oktoberrevolution mit der Eröffnung eines neuen Kapitels der Menschheitsgeschichte auch den kolonial- und halbkolonial unterdrückten Völkern eine Perspektive ihres Strebens und ihres Kampfes gegeben, so erfolgte mit dem Sieg der Sowjetunion über den Hitler-Faschismus und die Herausbildung sozialistischer Staaten in Europa und Asiens eine Veränderung des politischen Kräfteverhältnisses in der Welt von erheblicher Bedeutung.

Der Weltimperialismus wurde geschwächt, neue günstige Bedingungen entstanden auch für den Kampf der nationalen Befreiungsbewegung. Die Auswirkung dieser Veränderung des Kräfteverhältnisses ist auch daran festzustellen, daß im Jahre 1945 noch mehr als 600 Mio. Menschen in Kolonien und Halbkolonien lebten während heute 35 Jahre danach, das imperialistische Kolonialsystem nicht mehr existiert. Es wurde im Kampf der Völker zerschlagen.

Gab es 1945 in Afrika z. B. vier selbständige Staaten (das Königreich Ägypten des korrupten Königs Faruk, das Kaiserreich des Despoten Haile Sellassi in Äthiopien, die Republik Südafrika und die Republik Liberia), so zeigt sich heute Afrika als ein Kontinent mit nunmehr fünfzig souveränen Staaten.

Wir können feststellen:

Das 20. Jahrhundert ist die geschichtliche Epoche, in der nach dem Sieg der Oktoberrevolution und unter den Bedingungen wachsender Ausstrahlungskraft der Sowjetunion und der Staaten der sozialistischen Gemeinschaft im Kampf der Völker das Kolonialregime des Imperialismus zerbrach, die Völker sich von kolonialer Unterdrückung befreiten und der größte Teil der derzeitig existierenden Staaten entstand.

Noch nie hat es einen derartig konzentrierten Prozeß der Herausbildung neuer Staaten gegeben wie in den 35 Jahren nach dem Sieg der Sowjetunion über den Hitler-Faschismus. In dieser Zeit sind 90 souveräne Staaten entstanden.

Für die Staats- und Rechtswissenschaft, sowohl für die Staats- und Rechtstheoretiker wie für die Vertreter aller Wissenschaftszweige entstand und existiert damit eine Praxissituation in Hinblick auf Staats- und Rechtsentwicklung, die für spätere Generationen nicht wiederholbar oder nachvollziehbar ist.

Je größer der zeitliche Abstand zwischen der Zeit der Staatsbildung und der Entwicklung und theoretischen Verallgemeinerung ihre Ursache und Entwicklung ist, um so größer wird die Gefahr möglicher Erkenntnisverluste.

Deshalb sind heute an uns Anforderungen gestellt, wenn wir die theoretische Durchdringung dieser Prozesse nicht den Rechtshistorikern späterer Generationen zuweisen wollen.

Stellt man in diesem Zusammenhang die Frage, inwieweit die Entwicklung junger Staaten sich auf die inzwischen zu Theorien geronnenen Erkenntnisse unserer Wissenschaft auswirken, so sei hier vorweg gesagt:

Alle vorliegenden Untersuchungen der Gesellschafts-, Staats- und Rechtsentwicklung junger Nationalstaaten erbringen neue Beweise für die grundsätzlichen marxistisch-leninistischen Erkenntnisse über die Gesetzmäßigkeiten der Entwicklung von Gesellschaft, Staat und Recht. Die Wahrhaftigkeit und Lebensnähe des Marxismus-Leninismus hat auch in diesem Bereich vielfältige neue Bestätigung erfahren.

Das allein aber ist kein Grund für eine Abstinenz in Hinblick auf die wissenschaftliche Analyse der Staats- und Rechtsentwicklung junger Nationalstaaten, die heute noch anzutreffen ist.

Es gibt viele Gründe für eine stärkere Hinwendung der Staats- und Rechtswissenschaftler zur Problematik der Staats- und Rechtsentwicklung junger Nationalstaaten.

Dazu gehören:

1. Die jungen Nationalstaaten bieten mit ihrer derzeitigen Entwicklung wichtige Quellen staats- und rechtswissenschaftlicher Erkenntnisse. So u. a.

- zu Entwicklungsbedingungen von Übergangsformen zum bürgerlichen Staat bzw. zum sozialistischen Staatstyp;
- zur Anwendung der leninschen Erkenntnisse zur revolutionär-demokratischen Diktatur der Arbeiterklasse und der Bauernschaft in jungen Nationalstaaten, die den Sozialismus anstreben;
- zur Herausbildung von Staatsformen;

- zu Merkmalen und Entwicklungsbedingungen von Staat und Recht in den Ländern, die einen sozialistischen Weg gehen;
- zur Beziehung von Basis und politisch-staatlichem Überbau in jungen Staaten und den Möglichkeiten und Grenzen der Nutzung von Erfahrungen der Staatsentwicklung ausgereifter Gesellschaftsformationen durch junge Staaten mit noch wenig ausgereifter gesellschaftlicher Basis;
- zur Verfassungstheorie und zum Verfassungsrecht junger Nationalstaaten.

2. Mit dem Ausbau der Wirtschafts- und Handelsbeziehungen der DDR zu dieser Staatengruppe wachsen die Anforderungen der Staats- und Wirtschaftspraxis nach Aussagen zur Staats- und Wirtschaftsrechtsentwicklung in diesen Ländern. Dazu kommt, daß einige junge Nationalstaaten wie z. B. die Volksrepublik Angola, die Volksrepublik Moçambique, die Volksdemokratische Republik Jemen und auch Äthiopien auf der Basis von Freundschaftsverträgen eine enge Kooperation mit der Sowjetunion, der DDR und anderen sozialistischen Staaten anstreben und auch beginnen, ihre Beziehungen zum RGW zu entwickeln und zu festigen. Damit entstehen neue Rechtsprobleme der Zusammenarbeit mit diesen jungen Staaten.

3. Die Anforderungen uns befreundeter junger Nationalstaaten nach solidarischer Unterstützung bei der Ausbildung von Kadern des Staats- und Justizapparates in diesen Ländern und in der DDR und auch nach Konsulation zu Problemen der Entwicklung des Rechtssystems wachsen.

Allein die Akademie für Staats- und Rechtswissenschaft der DDR hatte in den vergangenen Jahren Wissenschaftler in mehrere afrikanische und arabische Länder zur Lösung verschiedenartiger Aufgaben zu entsenden und zugleich wurden hunderte von Kadern aus Moçambique, Angola, Guinea-Bissau, Äthiopien, Afghanistan, der Volksrepublik Jemen und aus anderen Ländern in speziellen Kursen an der Akademie ausgebildet.

4. Seit Jahren gibt es eine Festlegung des Ministeriums für Hoch- und Fachschulwesen über die Ausbildung von Studenten an den staats- und rechtswissenschaftlichen Fakultäten zur Staats- und Rechtsentwicklung junger Nationalstaaten. Während die Praxisanforderungen auf diesem Gebiet in den letzten Jahren progressiv gestiegen sind, kann man nicht allgemein von einer wachsenden Intensität der Ausbildung der Studenten in diesem Bereich sprechen.

5. In jungen Nationalstaaten entwickelt sich die Staats- und Rechtswissenschaft. Die Kollegen dieser Länder sind in die weltweiten ideologischen Auseinandersetzungen auch zu den Fragen des Staates und des Rechtes aktiv einbezogen.

Fortschrittliche Staats- und Rechtswissenschaftler, vor allem in jungen Nationalstaaten, die den Sozialismus anstreben, beschäftigen sich seit Jahren sehr intensiv mit den Erkenntnissen und den Ergebnissen der marxistisch-leninistischen Staats- und Rechtswissenschaft. Mit den Fortschritten beim Aufbau der Staats- und Rechtsordnung ihrer Länder, mit den Ergebnissen ihrer Arbeit erwarten sie verständlicherweise von den Kollegen der sozialistischen Länder nicht nur Rat, sondern auch Bereitschaft und Sachkenntnis zur Erörterung der Probleme der Staats-, und Rechtsentwicklung in ihren Staaten, z. B. auch des Arbeitsrechts, des Wirtschaftsrechts und anderer Bereiche.

Man könnte diesen fünf genannten Gründen für die Notwendigkeit einer intensiveren Beschäftigung der Staats- und Rechtswissenschaft mit den Problemen der jungen Nationalstaaten weitere anfügen, so z. B. auch die Tatsache, daß in der Sowjetunion der Entwicklung der jungen Nationalstaaten in der staats- und rechtswissenschaftlichen Forschung und Lehre wesentliche Bedeutung beigemessen wird. Die Studenten aller juristischen Fakultäten der Sowjetunion erhalten eine intensive Ausbildung zur Staats- und Rechtsentwicklung in diesem Bereich. Die Ergebnisse der Arbeit eines beträchtlichen

Forschungspotentials am Institut für Staat und Recht der Akademie der Wissenschaften der UdSSR wird in jährlich erscheinenden wissenschaftlichen Werken deutlich.

Sowjetische Gelehrte, wie Prof. Cirkin, Prof. Judin, Prof. Onan, Prof. Ewgenef u. a. haben international geachtete Forschungs- und Arbeitsergebnisse veröffentlicht.

Die Zusammenarbeit der Akademie für Staats- und Rechtswissenschaft der DDR mit diesem Sektor des Akademieinstitutes der UdSSR entwickelt sich.

In der DDR ist der Entwicklungsstand auf diesem Gebiet bekanntlich der, daß seit etwa zwei Jahrzehnten im Rahmen der Sektion Afrika und Nahost-Wissenschaften der Karl-Marx-Universität in Leipzig eine Gruppe engagierter Juristen, wie Prof. Dr. Brehme, Prof. Dr. Hutschenreuther, Dr. Schönfelder, Dr. Baumann u. a. staatsrechtliche Grundfragen des nationaldemokratischen Staates bearbeiten. Sie haben mit ihren Veröffentlichungen in unserem Lande und international Beachtung gefunden.

Seit dem vorigen Jahr ist an der Akademie für Staats- und Rechtswissenschaft der DDR ebenfalls ein Lehrstuhl für Staatsrecht junger Nationalstaaten eingerichtet worden, der am Beginn seiner Tätigkeit steht.

Was wir künftig benötigen sind vor allem zwei Dinge:

a) Es ist ein legitimes Bedürfnis den Kreis derjenigen Wissenschaftler, die sich speziell den Staats- und Rechtsfragen junger Nationalstaaten widmen, zu vergrößern und durch Abstimmung der Arbeit und der Entwicklungsrichtungen höhere Effektivität zu erreichen. Heute noch anzutreffende Zufälligkeiten sollten überlegter Planung weichen.

b) Es scheint die Zeit reif zu sein, daß die Staats- und Rechtswissenschaftler insgesamt den jungen Nationalstaaten mehr Aufmerksamkeit schenken. Was sich dort vollzieht, kann und darf nicht allein eine Sache weniger Spezialisten sein. Dort vollzieht sich quantitativ die umfassenste Entwicklung von Staat und Recht und auch in qualitativer Hinsicht bewegt sich Erhebliches.

Das Recht junger Nationalstaaten in der ideologischen Auseinandersetzung

Die Bearbeitung von Entwicklungsprozessen und Problemen junger Nationalstaaten fordert zur ständigen Auseinandersetzung mit imperialistischen Staats- und Rechtskonzeptionen heraus. Die imperialistische Staats- und Rechtslehre hat mit ihren verschiedenen Schulen prokapitalistische Kräfte aus jungen Nationalstaaten im Verlauf der letzten Jahre ausgebildet und theoretisch orientiert.

Das hat Folgen für den gesellschaftlichen und staatlichen Entwicklungsprozeß dieser Länder. Eine umfangreiche und ständig wuchernde Literatur zeugt zugleich vom erheblichen Aufwand mit dem in den Zentren der rechtswissenschaftlichen Forschung der imperialistishen Staaten allgemeine und spezielle Fragen junger Nationalstaaten bearbeitet werden.

In dem Streben zur stärkeren Einbeziehung vor allem von strategisch bedeutsamen jungen Nationalstaaten in die unmittelbare Wirkungsphäre imperialistischer Hauptmächte, ihrer Organisationen, ihres ökonomischen und politischen Mechanismus, spielen Staats- und Rechtskonzeptionen eine entscheidende Rolle.

Dabei begegnen wir bekannten Argumenten der bürgerlichen Staats- und Rechtsideologen, in letzter Zeit verstärkt jedoch auch einigen neuen Varianten.

Lange Zeit wurde von bürgerlichen Wissenschaftlern in Hinblick auf die Entwicklung junger Nationalstaaten die Konzeption der Rechtskontinuität im besonderen Maße gepflegt, um diesen Staaten das alte bürgerliche Rechtssystem der früheren Kolonialmächte aufzuzwingen. Im besonderen Maße England und Frankreich haben die Dogmen ihrer

Rechtsauffassung in das Verfassungs- und Rechtssystem ihrer früheren Kolonien übertragen. Alle Rechtsentwicklungen in jungen Staaten sollten entsprechend der Idee der Rechtskontinuität unter Anwendung genau der alten juristischen Formen vollzogen werden und alle neuen Rechtsinstitute sollten die Kontinuität mit den Normen wahren, die vom Kolonialregime gesetzt wurden.[9]

Die Krise der Verfassungs- und Rechtsentwicklung in einer Zahl junger Nationalstaaten in den vergangenen Jahren, ist ein Ergebnis der Erfolgslosigkeit dieser bürgerlichen Versuche, des Transfers von Rechtssystemen und -normen. Was als Verfassungskrise junger Nationalstaaten erscheint, ist in der Regel eine Krise von neokolonialistischen Rechtskonzeptionen der Monopolbourgeoisie.

Unter diesen Bedingungen wuchs auch bei den bürgerlichen Experten die Erkenntnis, daß es nicht möglich ist, die westlichen Staats- und Rechtsmodelle einfach auf die Realität afrikanischer Staaten zu stülpen. Nunmehr stehen Ideen der Adaption und der Symbiose des bürgerlichen Rechtes stärker im Vordergrund.[10]

Die Klassenbedingtheit und der Klassenauftrag der bürgerlichen Rechtsideologen hindert sie, das soziale Wesen von Staat und Recht zu erfassen.

Wenn damit die wissenschaftliche Substanz der oft auf erhebliches Faktenmaterial gestützten Arbeiten auch beträchtlich entwertet wird, so bleibt doch die Gefährlichkeit ihrer Versuche.

Wenn wir hier Fragen der Rechtsideologie in jungen Nationalstaaten berühren, bedarf es auch einer Bemerkung zum islamischen Recht, das in allen arabischen Ländern dominiert und das mit der Herausbildung der islamischen Republik Iran weiter an Einfluß gewonnen hat. Bei allen Unterschieden in einzelnen islamischen Ländern ist als bezeichnende Tendenz zu erkennen, daß der Islam radikal in alle Bereiche des menschlichen Lebens eingreift. So in das persönliche, familiäre und das gesamte öffentliche Leben, in die Politik, in die juristischen Verhältnisse bis hin zum Familien- und Strafrecht.[11]

Aus den religiösen Vorstellungen des Islams erwächst die staatliche Funktion der mohamedanischen Priester. Konsequent davon ausgehend wird z. B. in der Verfassung der islamischen Republik Iran die Regelung der Angelegenheit der Menschen, oder anders gesagt, das Regieren einem Faghih – einem islamischen Rechtsgelehrten – anvertraut, der gerecht und fromm ist und dessen Führung die Menschen anerkennen und akzeptieren.[12]

Der islamische Staat und das islamische Recht sind erhebliche Realitäten der Staats- und Rechtsentwicklung unserer Zeit. Die Staaten und Völker in deren Sphäre diese geistigen und geistlichen Werte existent sind, werden, wie täglich zu spüren ist, in die großen Klassenauseinandersetzungen unserer Zeit einbezogen. Sie sind nicht selten Subjekte und Objekte härtester Konfrontationen.

M. E. ist dem Problem der Entwicklung des islamischen Rechts größeres wissenschaftliches Interesse als bisher entgegenzubringen. Mit tiefer Erkenntnis der Geschichte der Traditionen und Sitten und der sozialen Strukturen sowie der gegenwärtigen Existenz und Entwicklungsbedingungen dieser Völker sollten wir unsere Erkenntnisse vertiefen und Antworten auf die in diesem Bereich entstandenen und entstehenden staats- und rechtswissenschaftlichen Fragen finden.

Übergangsprobleme von erheblichen Dimensionen

Die Herausbildung junger Nationalstaaten im Prozeß des Zusammenbruchs des imperialistischen Kolonialsystems hat in der Gesellschafts-, Staats- und Rechtsentwicklung unserer Zeit eine neue Qualität geschaffen. Dieser Anspruch auf Qualität ergibt sich u. a. aus:

- der Existenz und dem Wirken von 120 souveränen Staaten anstelle der früheren Kolonialverwaltungen;
- aus der antiimperialistischen Natur des Prozesses der Herausbildung dieser Staaten;
- aus den Möglichkeiten, die sich für die politisch ökonomische und kulturelle Entwicklung der Völker ergeben, die die barbarischen Ketten des Kolonialismus zerschlagen haben.

Diese, nach der Großen Sozialistischen Oktoberrevolution vollzogenen politischen, sozialen und staatlichen Veränderungen der ehemaligen Kolonien und Halbkolonien sind ein unumkehrbarer Prozeß der Welt von heute.

Davon ausgehend verläuft ein Prozeß der Staats- und Rechtsentwicklung von enormen gesellschaftlichen Dimensionen. Seine beträchtliche Kompliziertheit ergibt sich in erster Linie aus der Hinterlassenschaft des imperialistischen Kolonialregimes, die sich in der Rückständigkeit und Unterentwicklung in fast allen Bereichen des Lebens offenbart. Das Entwicklungsniveau der Produktivkräfte und Produktionsverhältnisse in den jungen Nationalstaaten ist im allgemeinen außerordentlich niedrig. Die vorhandenen wirtschaftlichen Einrichtungen entstanden in der Regel nicht nach einem Konzept des Aufbaus einer nationalen Volkswirtschaft, sondern als periphere Anlage großer Monopole der kolonialen Mutterländer.

Die Verarmung der Kolonien war eine der ökonomischen Grundlagen der Entwicklung des Kapitalismus. Unter dem unmittelbaren Eindruck der Kolonialpolitik des vorigen Jahrhunderts analysierte Marx bekanntlich:

„Die direkte Sklaverei ist der Ausgangspunkt der bürgerlichen Industrie ebenso wie die Maschinen. Ohne Sklaverei keine Baumwolle, ohne Baumwolle keine moderne Industrie. Nur die Sklaverei hat den Kolonien ihren Wert gegeben, die Kolonien haben den Welthandel geschaffen, und der Welthandel ist die Bedingung der Großindustrie."[13]

Bei der Analyse der Entwicklungsbedingungen junger Nationalstaaten, ist auch zu berücksichtigen, daß vor allem in Afrika die meisten jungen Staaten in ihrem Staatsgebiet die ersten Staaten der Geschichte sind. Bedingt durch die willkürliche, alle ethnischen, historischen und kulturellen Aspekten ignorierende, allein den Machtinteressen der imperialistischen Kolonialmächte berücksichtigende Grenzbestimmung Afrikas, auf der Berliner Konferenz von 1885–1889, sind die heutigen jungen Nationalstaaten Afrikas mit vielfältigen Problemen belastet.

Sie sind seit ihrer Bildung in die Klassenkämpfe unserer Zeit gestellt und haben es im gesellschaftlichen, staatlichen und rechtlichen Bereich mit Problemen zu tun, deren Lösung in den meisten Staaten Europas vor Jahrzehnten und Jahrhunderten vollzogen wurde.

Dabei geht es z. B. um die Überwindung feudaler und präfeudaler bis in die Gentilorganisationen reichender Produktionsweisen und der ihnen adäquaten menschlichen Beziehungen in der Familie und in der Gemeinschaft der Dörfer und Stämme. Es geht um die Herausbildung von Nationen, die durch die Existenz zahlreicher oft stabiler, voneinander nicht nur sprachlich streng getrennter, ethnischer Gruppen, außerordentlich erschwert wird. In vielen Fällen handelt es sich bei diesen Gruppen nicht um Nationalitäten sondern noch um Stämme. Diese Bedingungen verlangen jedoch ein anderes Herangehen an die Beurteilung und die konzeptionelle Regelung z. B. des Staatsaufbaus. Die Tatsache, daß bei ethnischer Vielfalt föderative Staatsformen in Afrika keine besondere Stabilität aufweisen, ist sicher auch auf den Stammescharakter zahlreicher ethnischer Gemeinschaften zurückzuführen.

Viele Jahrzehnte sind sicher notwendig, um die vom imperialistischen Kolonialregime den jungen Nationalstaaten hinterlassenen Problemen der Herausbildung der Produktivkräfte, der Klassenbildung und der Polarisierung der Klassenkämpfe zu beherrschen.

Damit ist zwangsläufig auch eine starke Bewegung in Hinblick auf die Staats- und Rechtsentwicklung zu erwarten.

In harten Klassenkämpfen wird in den jungen Nationalstaaten um den geeigneten Weg der gesellschaftlichen Entwicklung gerungen. Eng damit verbunden vollzieht sich die Verfassungsentwicklung, die in der Regel den jeweiligen gesellschaftlichen Weg reflektiert und ihn zu schützen strebt.

In diesem Prozeß vollzieht sich in mehr als 100 Staaten die als geschriebenes Recht bislang nur das fremde – und in der Regel fremdsprachige – bürgerliche Kolonialrecht kannten, die Herausbildung eines nationalen Rechtssystems und der Rechtszweige.

Bedingt durch die politischen und ökonomischen Realitäten der jungen Nationalstaaten bei ihrer Gründung und durch die zeitlichen Dimensionen ihrer Festigung ist es verständlich, daß der größte Teil dieser Staaten in den verschiedenen Stadien von Übergangsprozessen nicht in der klassischen Gestalt eines Staatstyps begegnet. Historischer Anachronismus und zugleich historische Realität ist dabei, daß in unserer Epoche, in der die bestimmende Gesetzmäßigkeit die Ablösung der alten kapitalistischen Gesellschaft durch den Sozialismus ist, zunächst viele der jungen Nationalstaaten einen prokapitalistischen Weg gehen, während etwa 20 dieser Staaten, wenn auch mit unterschiedlicher Intensität und verschiedenartiger theoretischer Basis, zum Sozialismus tendieren.

Bezogen auf die von Kolonialismus befreiten jungen Nationalstaaten stellte L. I. Breshnew auf dem XXV. Parteitag der KPdSU fest:

„In diesem Teil der Welt sind trotz aller Schwierigkeiten tiefgreifende fortschrittliche Veränderungen im Gange. Das ist natürlich ein Prozeß von historischer Bedeutung.“[14]

Auch in dem Teil der jungen Nationalstaaten, die sich in Richtung auf den Kapitalismus entwickeln oder in denen schon kapitalistische Produktionsverhältnisse sich herausgebildet haben, wie z. B. in Indien sind schon zum Teil andere Bewegungsabläufe und Ergebnisse der gesellschaftlichen sowie auch der staatlichen und rechtlichen Entwicklung festzustellen, als in den europäischen kapitalistischen Staaten oder in den USA. Es zeigt sich, daß die ökonomischen und auch die politischen Entwicklungsbedingungen des Kapitalismus in den jungen Nationalstaaten anders sind, als die des aufstrebenden Kapitalismus des vergangenen Jahrhunderts in Europa und in Amerika. Die Quellen der ursprünglichen Akkumulation sind ihnen im wesentlichen verschlossen. Der technologische Abstand in der Entwicklung ihrer Produktivkräfte zu den imperialistischen Zentren ist gravierend. Der Druck der multinationalen Konzerne, die 90 % aller Auslandsinvestitionen der imperialistischen Hauptmächte kontrollieren, ist erheblich.[15] Das hat natürlich auch Einfluß auf die Entwicklung der ökonomischen Basis und des Überbaus dieser Staaten, also auch auf Staat und Recht. Maßnahmen und Normen nehmen unter diesen Umständen nicht selten antiimperialistischen und antifeudalen Charakter an. Das wird im internationalen Bereich, z. B. in der Politik der Nichtpaktgebundenheit und im nationalen Bereich einiger Länder u. a. in der Agrargesetzgebung und auch in Hinblick auf die Entwicklung eines Staatskapitalismus deutlich.

Bei großer Differenziertheit zwischen den einzelnen zum Kapitalismus tendierenden Staaten ist grundsätzlich festzustellen: In allen jungen Nationalstaaten mit einer prokapitalistischen Entwicklung verschärfen sich die Klassengegensätze, werden die politischen und ökonomischen Konflikte zwischen der erstarkenden nationalen Bourgeoisie und den Werktätigen in Stadt und Land immer größer. Die Praxis der vergangenen Jahrzehnte bestätigten noch einmal, der Kapitalismus ist als gesellschaftliches System historisch überlebt. Der kapitalistische Entwicklungsweg junger Nationalstaaten erweist sich sowohl in ökonomischer wie auch in staatlich-rechtlicher Beziehung als ungeeignet, um die Grundprobleme der gesellschaftlichen Entwicklung und des Lebens der Völker dieser Länder zu lösen.

Diese unbestreitbare Erkenntnis schließt, wie die Praxis zeigt, ein, daß auch unter diesen Umständen neue Erscheinungen in der bürgerlichen Staats- und Rechtspraxis und in den adäquaten Auffassungen zu verzeichnen sind, die unser Interesse herausfordern. Eine Vertiefung der staats- und rechtswissenschaftlichen Analyse der Entwicklung der jungen Nationalstaaten wird sicher unsere Erkenntnisse über die Entwicklung des bürgerlichen Staates und Rechts in unserer Zeit präzisieren helfen und der Praxis sicherlich von Nutzen sein.

Unser besonderes politisches und wissenschaftliches Interesse gilt heute, wenn wir die jungen Nationalstaaten betrachten, der Gruppe von Staaten, die den Sozialismus anstreben, die sich auf den Sozialismus orientieren. Sie sind, wie Gen. Ponomarjow feststellte, „eine Art historischer Vorhut der Völker der ehemaligen Kolonien."[16]

Staats- und Rechtsprobleme junger Nationalstaaten mit sozialistischem Entwicklungsweg

Mit dem Entstehen und der Entwicklung junger Nationalstaaten, die den Sozialismus anstreben sind eine Vielzahl theoretischer Fragestellungen verbunden, die im Grunde alle gesellschaftswissenschaftlichen Disziplinen erfassen. Die Entwicklung dieser Gruppe von Staaten verläuft insgesamt erfolgreich, die Anzahl dieser Nationalstaaten ist größer geworden, die sozialistischen Tendenzen wurden tiefgreifender, weitreichender und stabiler. Es sind dabei aber auch Rückschläge eingetreten, wie aus den Beispielen der Änderung der Entwicklungsrichtung solcher Länder wie Ägypten, Ghana, Mali u. a. zu ersehen ist.

Die Nationalstaaten, die in der wissenschaftlichen Kategorisierung unter dem Begriff der sozialistischen Orientierung zusammengefaßt werden, sind keine homogene oder gar organisierte Gruppe von Staaten. Die Entwicklung der einzelnen Nationalstaaten verläuft aufgrund der außerordentlich unterschiedlichen ökonomischen und politischen Ausgangspunkte und aufgrund unterschiedlicher ideologischer Auffassungen in den Führungen sowie unterschiedlicher Triebkräfte der revolutionären Prozesse außerordentlich verschiedenartig. Das wirkt sich auf die Tiefe und das Tempo des Gesamtprozesses auch in der Staats- und Rechtsentwicklung aus. In der wissenschaftlichen Diskussion über die Entwicklung dieser Nationalstaaten sind z. Z. bekanntlich noch eine Reihe unterschiedlicher Interpretationen wesentlicher Kategorien anzutreffen.

Jüngst verwiesen z. B. Andrejew und Ponomarjow darauf, daß in der Sowjetunion auch unter führenden Wissenschaftlern die sich mit dieser Fragestellung beschäftigen die Begriffe sozialistischer Orientierung und nichtkapitalistischer Entwicklungsweg unterschiedlich interpretiert werden.[17]

Auch Staruschenkow verweist in der im Staatsverlag erschienenen interessanten Schrift „Die sozialistische Orientierung in den Entwicklungsländern", darauf, daß die Ausarbeitung der Theorie der sozialistischen Orientierung in Bezug auf die gegenwärtigen internationalen und nationalen Bedingungen noch nicht völlig abgeschlossen ist.[18]

Sicher ist es aber auch eine Aufgabe der Staats- und Rechtswissenschaft zur Klärung dieser Frage beizutragen. In der leninschen Erkenntnis, welche Klasse die Macht in den Händen hat, das entscheidet alles,[19] liegt die Aufforderung aus dieser Sicht zum Erkenntniszuwachs beizutragen.

Bei der Bestimmung der methodologischen Grundlagen der Forschung und der Lehre auf diesem Gebiet erscheint es bei dieser Lage geboten, der konkreten Untersuchung der Staats- und Rechtsentwicklung der einzelnen Länder besondere Aufmerksamkeit zu widmen. In der natürlich ebenso erforderlichen vergleichenden Untersuchung gilt es der Gefahr zu begegnen, daß im Vergleich Ungleiches nebeneinander gestellt wird. Das betrifft im besonderen Maße auch den Rechtsvergleich normativer Texte. Die noch anzutreffende Praxis des Nebeneinanderstellens von Zitaten aus Dokumenten und Normativakten verschiedener Staaten kann leicht zu Fehlschüssen führen.

Die staats- und rechtswissenschaftlichen Untersuchungen der Probleme der jungen Nationalstaaten müssen unter den gegebenen Umständen zu den historischen und politischen Wurzeln des in den Normen definierten Willens führen, müssen Klassensituation und Klassenkämpfe, müssen die wesentlichen politischen und ökonomischen Grundlagen berücksichtigen. Ein hoher Anspruch. Seine Konsequenz heißt, Planung und Gemeinschaftsarbeit innerhalb der Staats- und Rechtswissenschaft und mit allen anderen Wissenschaftsbereichen, die sich mit politischen, ökonomischen, sozialen, historischen, linguistischen u. a. Problemen dieser Nationalstaaten befassen. Die Bedingungen für die Herausbildung und Entwicklung junger Nationalstaaten mit sozialistischer Richtung waren und sind aus der Sicht der objektiven und subjektiven Faktoren außerordentlich unterschiedlich. Die Klassenbasis und die ökonomischen Grundlagen der Nationalstaaten mit sozialistischer Entwicklung sind nicht einheitlich. In manchen dieser Staaten wurden während des Kolonialregimes kapitalistische Produktivkräfte in bestimmten Zentren entwickelt, während in anderen Staaten vorkapitalistische Produktionsverhältnisse und Produktivkräfte eindeutig dominieren. Dementsprechend unterschiedlich ist die Entwicklung der Klassen und ihre Beziehungen untereinander. Ist im Durchschnitt der Länder des subsaharischen Afrikas der Anteil der Lohn- und Gehaltsempfänger an der arbeitsfähigen Bevölkerung etwa 12 %, so lag zum Zeitpunkt der Unabhängigkeit der gleiche Anteil in Angola bei über 30 % und in Moçambique bei etwa 25 %.[20] Dabei zeigt sich, daß in den meisten jungen Nationalstaaten die dem Sozialismus zustreben, sich die nationale Bourgeoisie als eine Klasse herausgebildet hat und in der politischen Bewegung ihren Platz fand. Dem gegenüber hat sich in den ehemaligen portugiesischen Kolonien auf der Grundlage vieler Besonderheiten des portugiesischen Kolonialfaschismus eine afrikanische Bourgeoisie als Klasse im Grunde nicht herausbilden können. Die Bourgeoisie in diesen Ländern war im wesentlichen ausländische Bourgeoisie und hat zu einem beträchtlichen Teil nach der Unabhängigkeit das Land verlassen.

Ein weiteres Element, das das Werden und die Entwicklung dieser Nationalstaaten erfaßt, ist die soziale Basis und die ideologische Position der gesellschaftlichen Führung. In den Staaten, die den nichtkapitalistischen Weg in den sechziger Jahren eingeschlagen haben, ist zu erkennen, daß die soziale Basis der Macht und der Führung im wesentlichen ein breiter demokratischer Block ist, der Werktätige aus Stadt und Land sowie kleinbürgerliche Zwischenschichten und die patriotische Intelligenz erfaßt. Die Führungskraft sind revolutionär-demokratische Parteien, deren Sozialismusbild zum Teil durch eine spezifische nationale Prägung, wie in Tansania oder z. B. durch einen arabischen Sozialismus bestimmt ist.

In solchen Nationalstaaten, die in der Mitte der siebziger Jahre sich aus kolonialer Unterdrückung befreit haben und die den Sozialismus anstreben, wie z. B. in der Volksrepublik Mocambique und in der Volksrepublik Angola ist aufgrund der Nichtexistenz bzw. schwachen Ausprägung einer nationalen Bourgeoisieklasse die Grundlage der politischen Macht ein Bündnis der Werktätigen, daß heißt der Arbeiterklasse und der Bauernschaft.

Dabei ist hier wie in anderen Fällen zu beachten, daß die Arbeiterklasse in diesen jungen Staaten in der Regel eine Klasse der ersten Generation ist, die mit einem Bein noch in der dörflichen Gemeinschaft steht, während die Bauernschaft aufgrund der Subsistenzbedingungen ihres Lebens weder in ihrem politischen Willen noch in ihren ökonomischen Zielen etwa mit der europäischen Bauernschaft unseres Jahrhunderts vergleichbar ist.

Unter Berücksichtigung des erheblichen Einflusses des subjektiven Faktors auf die Entwicklungsbedingungen der auf den Sozialismus orientierten Nationalstaaten ist von großer Bedeutung, daß sich in den letzten Jahren in der Volksrepublik Moçambique, in der Volksrepublik Angola, in der Volksdemokratischen Republik Jemen und in der Volksrepublik Kongo sowie in Benin Avantgardparteien herausgebildet haben, die sich als Parteien der Werktätigen verstehen und deren Programm auf dem wissenschaftlichen Sozialismus, dem Marxismus-Leninismus beruht. Im ähnlichen Sinne verlaufen die vorbereitenden Arbeiten für die Bildung einer marxistisch-leninistischen Partei der Werktätigen in Äthiopien. Auch für die staatswissenschaftliche Betrachtung ist es von Bedeutung, daß die Bildung und Entwicklung dieser Parteien z. B. in Angola und Mocambique auch aus der Erkenntnis erfolgte, daß ohne eine solche Partei Gesellschaft und Staat nicht zu den angestrebten sozialistischen Zielen geführt werden können.

Es zeigt sich in vielen wesentlichen Punkten, daß sozialistisch orientierte Staaten über unterschiedliche sozial-ökonomische Grundlagen verfügen, daß unterschiedliche Entwicklungskonzeptionen existieren, als deren stabilste sich die auf der ideologischen Basis des Marxismus-Leninismus und auf einer Klassenbasis, in der die Arbeiterklasse und die Bauernschaft dominiert, erweist.

Der sowjetische Autor Kiwa stellte bei einer Betrachtung dieser Unterschiede die Frage, „haben wir es hier vielleicht mit zwei Typen der Revolution zu tun:

a) mit einer nationaldemokratischen in der ersten Ländergruppe;

b) mit der volksdemokratischen in einer zweiten?

Auf jeden Fall sind qualitative Unterschiede des revolutionären Prozesses in diesen Ländergruppen nicht zu bestreiten.“[21]

Mir scheint, man kann, ohne das wir heute ein Urteil in diesem wissenschaftlichen Streit anstreben sagen, der Unterschied von dem hier gesprochen wird, ist nachweisbar und er hat sich in den letzten Jahren vergrößert.

In der Entwicklung der Gesellschaft und insbesondere auch in Hinblick auf den Staat und auf das Recht zeigen sich in den jungen Nationalstaaten, deren Führung durch eine marxistisch-leninistische Avantgardpartei der Werktätigen erfolgt, spürbar eigene qualitative Züge.

An dieser Stelle noch ein Wort zur, in den letzten Jahren diskutierten Frage der Volksdemokratie in Nationalstaaten mit sozialistischer Orientierung.

Die Volksdemokratie ist in solchen Staaten wie z. B. der Volksrepublik Angola, der Volksrepublik Moçambique, der Volksdemokratischen Republik Jemen, der Volksrepublik Kongo, der Volksrepublik Benin, in denen die gesellschaftliche und staatliche Entwicklung von Avantgardparteien der Werktätigen geführt wird, ein fester Teil des politischen und juristischen Begriffsapparates geworden. Versucht man zu definieren, was dieser Begriff der Volksdemokratie in den genannten Nationalstaaten als politische, wissenschaftliche und juristische Kategorie im wesentlichen ausdrückt, wird man möglicherweise zu der Erkenntnis gelangen,

– daß es sich um einen Staat des Übergangs handelt und zwar des Übergangs zum sozialistischen Staatstyp. Dem liegt ein allmählicher langandauernder Übergangsprozeß der Gesellschaft von vorkapitalistischen Verhältnissen unterschiedlicher Ausprägung zum Sozialismus zugrunde, in dem antifeudale, antikapitalistische allgemein demokratische und sozialistische Aufgaben zu lösen sind;

- daß dieser Übergang sich unter den internationalen Bedingungen der Existenz der Sowjetunion und der sozialistischen Staatengemeinschaft und einer wachsenden – in der Regel durch Freundschaftsverträge manifestierten – Zusammenarbeit mit diesen Staaten vollzieht;
- daß die Staatsmacht den Charakter einer revolutionär-demokratischen Diktatur der Arbeiterklasse und der Bauernschaft angenommen hat oder annimmt;
- daß die gesellschaftliche Entwicklung durch eine avantgardistische Partei geführt wird, die ein marxistisch-leninistisches Programm hat und dieses Programm in die Praxis umsetzt;
- daß die Arbeiterklasse eine wachsende Rolle im politischen Leben spielt und das ein immer größerer Teil der Patrioten und fortschrittlichen Werktätigen des Landes über Vertretungsorgane und andere politische Organisationen in die Ausübung der Macht einbezogen werden;
- daß die wesentlichen Produktionsmittel und die Kommandohöhen in der Wirtschaft sich in den Händen dieses Staates befinden und energische Maßnahmen zur Entwicklung der Wirtschaft und zur Stärkung des staatlichen Sektors durchgeführt werden;
- daß ein energischer Kampf gegen imperialistische konterrevolutionäre Bestrebungen, gegen innere und äußere Feinde geführt wird;
- daß eine konsequente antiimperialistische Außenpolitik die äußeren Bedingungen für die Sicherung der revolutionären Prozesse im Lande schaffen hilft und eine enge Zusammenarbeit mit den sozialistischen Staaten anstrebt.

Wenn auch mit Unterschieden zwischen den einzelnen Nationalstaaten, werden in diesen genannten Staaten diese Merkmale als eine Tendenz immer sichtbarer.

Das Programm der FRELIMO-Partei z. B. umreißt die Aufgaben der volksdemokratischen Etappe der Entwicklung in folgender Weise:

Die Etappe der volksdemokratischen Revolution ist die historische Periode, in der
- alle Formen der Auslandsherrschaft über unser Vaterland, insbesondere der ökonomischen Herrschaft, beseitigt werden;
- die Beseitigung aller Überreste der feudal-traditionellen und kolonial-kapitalistischen Gesellschaft forciert wird;
- die volksdemokratischen Strukturen auf das ganze Land ausgedehnt und immer mehr gefestigt werden, so daß im nationalen Maßstab eine neue Gesellschaftsordnung entsteht, die sich auf die objektiven Interessen der breiten werktätigen Massen stützt;
- der Kampf an der Front der Produktion mit dem Ziel verstärkt wird, die elementaren Bedingungen des Volkes besonders die Bedürfnisse an Nahrung und Kleidung im wachsenden Maße zu befriedigen;
- die Macht der Arbeiter und Bauernschaft gefestigt und eine Staatsmacht und ein Staatsapparat vom neuen Typus entwickelt werden;
- die Verteidigungskraft des Landes weiter erhöht und Ordnung, Disziplin und Sicherheit innerhalb der Gesellschaft gefestigt werden.

Insgesamt werden in dieser Etappe die politischen, ideologischen, wissenschaftlich-technischen und materiellen Grundlagen für den Übergang zur sozialistischen Revolution geschaffen.[22]

Auch aus diesem Programmtext und ebeso aus den Bedingungen seiner Realisierung wird ersichtlich, daß der Gedanke der Volksdemokratie sich in afrikanischen Staaten natürlich unter anderen historischen Umständen herausbildet und daß er auch andere Prozesse beinhaltet, als das in Europa und Asien in der Mitte unseres Jahrhunderts der Fall war. Das wird in der Arbeit von Prof. Cirkin über die gegenwärtigen Tendenzen der Entwicklung der Staatsmacht, der ersten fundierten Arbeit zu den Problemen der

Volksdemokratie in dieser Region, eingehend begründet. Er betont, daß die Problematik der volksdemokratischen Revolution und die These von der Errichtung der Volksdemokratie als besondere Form der Gesellschaftsordnung in Mocambique, Angola und einigen andern Ländern von einer deutlichen, klassenmäßigen Zielsetzung der Volksmassen zeugt.[23] Vor allem ist zu erkennen, daß alle Staaten, die diesen Weg beschreiten, am Anfang des Weges stehen. Zwischen den Entwicklungen in Europa, in Asien und in Afrika gibt es aber – vor allem, wenn man die Volksdemokratie als eine spezifische Form des Übergangs zum Sozialismus unter den Bedingungen der Existenz sozialistischer Staaten versteht – jedoch sicher mehr Verwandtes als Trennendes.

Es gibt in diesem Zusammenhang einen Faktor, der generell für die Entwicklungsbedingungen der Nationalstaaten, die zum Sozialismus streben, von Bedeutung ist.

Sowohl die mongolische Volksrepublik, der erste unabhängige Staat, der einen nicht kapitalistischen Entwicklungsweg ging, als auch später volksdemokratische Länder Europas, hatten in jedem Fall eine gemeinsame Grenze mit der Sowjetunion der mit einem benachbarten Bruderstaat.

Das ist bei den Nationalstaaten der Gruppe von der hier gesprochen wurde – mit Ausnahme von Afghanistan – nicht der Fall. Alle diese Nationalstaaten sind von Staaten umgeben die einen anderen, oftmals einen konträren Weg der Entwicklung gehen. Dadurch und durch die erheblichen Entfernungen dieser Nationalstaaten voneinander und von der Gemeinschaft der sozialistischen Staaten, sind der unmittelbaren Hilfe und Zusammenarbeit auf einer Reihe von Gebieten natürliche Grenzen gesetzt.

Diese Situation hat auch Einfluß auf die Antwort zur Frage nach der Unumkehrbarkeit der Entwicklung, die bis jetzt in keinem der hier behandelten Nationalstaaten endgültig entschieden sein kann.

Alle Faktoren, die hier zur Heterogenität der Entwicklung der Gesellschaft des Staates gesagt wurden, wirken natürlich in gleicher, zum Teil auch in verstärkter Weise auf die Entwicklung des Rechtes in den Nationalstaaten mit sozialistischen Orientierungen. Dabei stellen wir im wesentlichen drei Haupttendenzen der Herausbildung und Entwicklung fest:

Die Entwicklung des neuen Rechts im Prozeß der Überwindung des von der alten Kolonialmacht übernommenen Rechtssystems und seiner Rechtsnormen in den Nationalstaaten, die in der ersten Phase nach ihrer Unabhängigkeit keinen Bruch mit dem alten Rechtssystem vollzogen haben.

Die Herausbildung des neue Rechts unter Bedingungen, daß ein aus der Tradition hervorgegangenes, im wesentlichen geschriebenes Recht vorhanden ist was den Rechtsbildungs- und Rechtsverwirklichungsprozeß z. B. in arabischen Staaten beeinflußt.

Die Herausbildung des neuen Rechts nach der im bewaffneten Kampf errungenen Unabhängigkeit unter den Bedingungen des rigerosen Bruchs mit dem alten Kolonialrecht, was für die ehemaligen portugiesischen Kolonien, also für Angola, Mocambique, Guinea-Bissau als Grundtendenz zu erkennen ist.[24]

Jeder dieser drei Tendenzen der Rechtsentwicklung sind unterschiedliche Möglichkeiten, Schwierigkeiten und Entwicklungsbedingungen eigen.

Beachtung verdient im zunehmenden Maße die Entwicklung des Verfassungsrechts. Die Verfassungen der meisten Nationalstaaten, die den Sozialismus anstreben und ausnahmslos alle Staaten, deren Führungspartei sich auf den Marxismus-Leninismus stützen, bringen den Klasseninhalt der revolutionär-demokratischen Macht eindeutig zum Ausdruck. Sie verneinen in ihrer Konstruktion das bürgerliche Prinzip der Dreiteilung der Gewalten und orientieren auf die Verwirklichung des demokratischen Zentralismus.

Die Bedingungen der Klassenkämpfe haben in einigen jungen Nationalstaaten mit sozialistischer Orientierung es in der Vergangenheit manchmal notwendig gemacht, Teilregelungen ihrer Verfassungen oder andere staatsrechtliche Regelungen zeitweise außer Kraft zu setzen, ohne daß sie sofort durch neue Normen ersetzt wurden.

Im Sozialistischen Äthiopien wurde bekanntlich seit der Entmachtung des Kaisers und der Außerkraftsetzung der monarchischen Verfassung noch keine neue Verfassung in Kraft gesetzt.

Das Programm der national-demokratischen Revolution, daß im April 1976 durch den Provisorischen Militärischen Verwaltungsrat verabschiedet wurde, orientierte auf die Herausbildung einer Volksrepublik und die Ausarbeitung einer Verfassung.[25]

Dieser Weg konnte bisher nicht beschritten werden. Das Fehlen der seit Jahren angestrebten Partei, die Invasion Somalias in den Südprovinzen Äthopiens, die Aktionen der separatistischen Gruppen in der Provinz Eritrea und terroristische Aktionen von konterrevolutionären Kräften im Lande, erwiesen sich als Hindernisse auf diesem Wege. Im Verlaufe der revolutionären Prozesse wurden durch den Provisorischen Militärischen Verwaltungsrat jedoch grundsätzliche Proklamationen erlassen, die höchste Rechtskraft besitzen und Grundrechtscharakter haben. Das gilt z. B. für das Programm der national-demokratischen Revolution, und z. B. für Proklamationen über die Landreform, über die Enteignung von Industriebetrieben, Banken und Mietshäuser, für das Arbeitsrecht u. a.

Die Volksrevolution in Äthiopien hat in ihrem bisherigen sechsjährigen Verlauf und in den staatlichen und rechtlichen Konsequenzen ihrer Entwicklung eine Reihe von Besonderheiten aufzuweisen, die für die staats- und rechtswissenschaftlichen Forschungen von Bedeutung sind. Dazu gehören u. a.

- das durch die spezifischen Bedingungen der äthiopischen Revolution geprägten, von anderen Ländern ähnlicher Entwicklungsorientierung unterschiedliche Herangehen gegenüber dem alten Staatsapparat;
- die Schwierigkeiten bei der Herausbildung einer Partei der Werktätigen, die zugleich wesentliche Entwicklungsprobleme in dieser frühen Phase des Übergangs der Gesellschaft und des Staates deutlich machen. Gesellschaft, Partei und Staatsentwicklung vollziehen sich wie Mengistu Haile Mariam im Dezember 1979 betonte, in Disputen und Kämpfen um Leben und Tod.[26]

Auch die athiopische Gesellschafts- und Staatsentwicklung sind ein signifikantes Beispiel dafür, welche Aufgaben zu lösen sind und welche Zeit erforderlich ist, um Startbedingungen für eine stabile Entwicklung zu schaffen.

Wenn wir von der marxschen Erkenntnis ausgehen, daß das Recht nie höher sein kann, als die ökonomische Gestaltung und dadurch bedingte Kulturentwicklung der Gesellschaft[27], erkennen wir, daß in Äthiopien wie in anderen jungen Nationalstaaten Lösungen nicht allein dadurch gefunden werden, daß gute Ideen in Proklamationen oder andere rechtliche Normen gegossen werden. Das wichtigste ist die Schaffung der notwendigen Bedingungen im politischen, im ökonomischen und im ideologisch-kulturellen Bereich.

Bei der Herausbildung von Staat und Recht in den von Kolonialherrschaft befreiten Ländern hat, wie die Praxis zeigt, gerade der subjektive Faktor erhebliche Bedeutung. Die Gesellschafts- und Staatsentwicklung in jungen Nationalstaaten zeichnet sich in der Regel dort durch stabile Faktoren in der Entwicklung aus, wo die Herausbildung der Klassenkräfte ein bestimmtes Niveau erreicht hat und die politische Führungskraft sich auf eine starke Organisation stützen kann, die in der Lage ist die Massen im Sinne des gesellschaftlichen Fortschritts zu führen.

Von besonderem Gewicht sind in diesem Zusammenhang die Erfahrungen früherer portugiesischer Kolonien, wie z. B. Angola, Moçambique und Guinea-Bissau. Die Befreiungsbewegungen in diesen Ländern führten seit Beginn der sechziger Jahre über ein Jahrzehnt einen bewaffneten Kampf gegen das imperialistische Kolonialregime. Dieser Kampf führte zur Schaffung von sich ständig vergrößernden befreiten Gebieten. Die Bedingungen und Ergebnisse des Kampfes hatten vielfältige politische Konsequenzen, die letztendlich auch die Staatsbildung und das politische Wesen von Staat und Recht beeinflußten. Untersucht man z. B. die Ergebnisse des bewaffneten Kampfes der FRELIMO, so wird man u. a. feststellen, daß die Bedingungen dieses Kampfes des moçambikanischen Volkes in der Zeit von 1964–1974 die politischen Auffassungen in der Befreiungsbewegung wesentlich formten. Der bewaffnete Kampf erwies sich als die konsequenteste universellste und radikalste Konfrontation der fortschrittlichen patriotischen Kräfte des Volkes gegen das Kolonialsystem und seinen gewaltigen Machtapparat, der Polizei, des Militärs und der Spezialeinheiten.

Bedingt durch den sozialen Charakter des Befreiungskampfes als eine bewaffnete Volksrevolution führte die FRELIMO den bewaffneten Kampf mit dem Ziel, den Kolonialstaat zu zerschlagen und nicht etwa sich seiner zu bemächtigen und den alten Unterdrückungsapparat in moçambikanische Hände zu übernehmen.

Als am 25. Juni 1975 die Volksrepublik Moçambique proklamiert wurde, war der Unterdrückungsapparat der alten Macht zerschlagen und der größte Teil der Repräsentanten und der Beamten der alten Macht hatte das Land verlassen.

Der bewaffnete Kampf stellte zugleich hohe Anforderungen an die Führung der nationalen Befreiungsbewegung sowohl in Hinblick auf die Ausarbeitung der revolutionären Strategie und Taktik des Kampfes im nationalen und internationalen Bereich, auf die Organisierung und Qualifizierung neuer Kämpfer und auch in Hinblick auf die wissenschaftliche Organisation beim Einsatz der militärischen Kräfte und des Nachschubs und bei der Organisierung des Lebens in den befreiten Gebieten auf eine neue Weise. Das alles trug im wesentlichen Maße dazu bei, die Führung und die große Zahl der Kämpfer auf die künftigen gesamtnationalen Führungsaufgaben, auch auf die Gestaltung von Staat und Recht, vorzubereiten.

Die historischen Bedingungen des Kampfes der FRELIMO führten zur Schaffung von befreiten Gebieten. Diese Gebiete, die seit Ende 1964 entstanden, wurden nicht nur militärisch gesichert. In den Gebieten wurden die Einwohner politisch organisiert und unter den Bedingungen des Befreiungskampfes wurde ihr Leben auf eine neue Weise organisiert, die sich prinzipiell von der Kolonialmacht aber auch von den alten traditionellen Strukturen der Stämme unterschied.

In allen befreiten Regionen wurden Leitungsorgane geschaffen, die die Erfordernisse der Führung des militärischen Kampfes mit Klärung der entscheidenden Probleme des Lebens der Bevölkerung verbanden. So wurde z. B. beträchtliches und international anerkanntes bei der Alphabetisierung der Bevölkerung und auch im Gesundheitswesen geleistet.

Diese neue Macht war in der gesamten befreiten Region durchorganisiert. Im Rahmen der Provinz wirkte der Provinzrat als demokratische Versammlung der Vertreter aller befreiten Regionen. Er bildete ein Exekutivkomitee und analog waren die politischen Strukturen in den Distrikten und auf der untersten Ebene organisiert.

Das alles erfolgte bei heftigen Auseinandersetzungen mit opportunistischen, probürgerlichen und traditionalistischen Kräften. Dabei wurde die Einheit der Bewegung gestärkt und immer deutlicher wurden Klassenpositionen in der Befreiungsbewegung. Aufgaben und Auseinandersetzungen, die in vielen Nationalstaaten erst nach errungener Unabhängigkeit auf die Tagesordnung kamen, wurden in den befreiten Gebieten schon vorher gelöst.

Die Klärung des politischen Weges der Macht in den befreiten Gebieten wurde für die FRELIMO zu einer Kernfrage der nationalen Befreiungsbewegung, die entscheidend beitrug, die politische Entwicklung zu formen. Die in den befreiten Gebieten entstandenen soziale Gemeinschaften und die sich herausbildende Macht wurde durch die Bedingungen des antiimperialistischen Befreiungskampfes in einer antikapitalistischen Tendenz geprägt. Versucht man die im Kampf herausgebildeten Machtorgane in den befreiten Gebieten in ihrem politischen Wesen zu erfassen, kommt man zu der Erkenntnis:
- sie waren Organe der armen Bauernschaft, der kämpfenden Patrioten und nicht der Besitzer, Unterdrücker und Stammeshäuptlinge;
- sie waren Organe, die im Kampf für den gesellschaftlichen Fortschritt, im Kampf für die nationale Befreiung entstanden sind, in denen die Macht für das Volk und unmittelbar durch das Volk ausgeübt wurde;
- sie waren Organe, die die lokalen Angelegenheiten entsprechend den politischen Orientierungen der FRELIMO selbständig regelten und dabei erste Erfahrungen bei der Anwendung des demokratischen Zentralismus gewannen;
- sie waren Organe, deren Mitglieder in einer einfachen, den Bedingungen des Kampfes entsprechenden Weise benannt wurden.

Nicht zu unrecht spricht deshalb die Führung der FRELIMO im Zusammenhang mit den befreiten Gebieten von den Embryonalformen des heutigen Staates. Auf dieser Basis wurden wesentliche Erfahrungen gesammelt, die der Entstehung von Staat und Recht der Volksrepublik Moçambique von Bedeutung waren.

Hat die am 25. Juni 1975 verkündete Unabhängigkeitsverfassung der Volksrepublik Moçambique auch programmatischen Charakter, so ist sie in ihren wesentlichen Aussagen, wie z. B.
- zu den Grundlagen der politischen Macht,
- zur Stellung und zu den Aufgaben der Volksbefreiungsstreitkräfte,
- zu den Grundlagen der Wirtschaftspolitik,
- zu den außenpolitischen Orientierungen,
- zu den Grundrechten und Pflichten der Bürger (bei stark ausgeprägtem Mitgestaltungsrecht),
- zum Aufbau der Organe der Staatsmacht,

eng mit den Ergebnissen und Erfahrungen der Kämpfe um die Unabhängigkeit, der Gestaltung eines neuen, von Ausbeutung befreiten Lebens in den befreiten Gebieten verbunden.

Analysiert man heute die Entwicklung des neuen Staates, des neuen Rechts z. B. in der Volksrepublik Moçambique, dann gilt es, einen nunmehr seit 15 Jahren verlaufenden Prozeß zu erfassen. In einer solchen historischen Zeitspanne entstehen Ergebnisse und wachsen Erkenntnisse, die auch der staats- und rechtswissenschaftlichen Forschung solide Werte liefern.

Vieles liegt bei der Bearbeitung der Staats- und Rechtsentwicklung junger Nationalstaaten noch vor uns.

Der Versuch eines einführenden Referates zeigt das breite Spektrum der vor uns liegenden Probleme, obwohl hier heute ganze Sphären – z. B. Lateinamerika – unerwähnt bleiben mußten.

Für die Weiterentwicklung der Arbeit zu Staat und Recht junger Nationalstaaten ist es von großem Nutzen, das mit dieser Tagung des Rates für staats- und rechtswissenschaftliche Forschung der Akademie der Wissenschaften der DDR die Möglichkeit geschaffen wurde, Diskussion und Verständnis über den Kreis der Spezialisten hinaus zu erschließen.

Anlage[28]

Aus einem Bericht des Mitgliedes des ZK der FRELIMO – Veteran des Befreiungskampfes Raimundo Pachinapa – über die Organisation der Arbeit und der Macht in den befreiten Gebieten

Im August 1964 begannen von Tansania aus Kämpfer der FRELIMO in kleinen Gruppen in die Provinz Cabo Delgado zu marschieren. Vor ihnen waren schon Kämpfer der FRELIMO in die vorgesehenen Gebiete gegangen, um Kontakt mit der Bevölkerung aufzunehmen und bekannten Personen des Vertrauens mitzuteilen, daß bald der bewaffnete Kampf beginnen werde. Sie wählten besonders vertrauensvolle Menschen als verantwortliche Kontaktpersonen der Kämpfer aus. Zugleich hatten diese Kämpfer die Aufgabe, Posten und Konzentrationspunkte portugiesischer Truppen und der Polizei auszukundschaften.

Bis zum 25. September 1964 wurde jede bewaffnete Aktion vermieden. Auf Anweisung des ZK der FRELIMO begann am 25. September 1964 der bewaffnete Kampf, der Volksbefreiungskrieg. Es gab Überfälle auf portugiesische Posten, ferner wurden Gruben ausgehoben und abgedeckt, um Fahrzeuge des Feindes zu vernichten.

Für das portugiesische Militär waren die Aktionen des 25. 09. eine große Überraschung. Sie konnten nicht glauben, daß das die Aktion moçambikanischer Patrioten war. Sie reagierten mit Verhaftungen und Massenterror unter der Bevölkerung der Kampfgebiete. Nach diesen ersten Kampfaktionen gab die Zentrale die Weisung, daß sich die Kämpfer aus den Dörfern in die Wälder zurückziehen müssen. Zugleich wurden die Milizen gestärkt. Im wachsenden Maße zogen große Teile der Bevölkerung mit den Kämpfern in den Wald.

In dieser Situation wurden Zellen der FRELIMO in den Operationsbasen geschaffen. Ihre erste Aufgabe war es, neue Kämpfer zu gewinnen und dafür zu sorgen, die Bevölkerung vor Militär- und Polizeiaktionen des Gegners zu schützen. Zugleich galt es, der Bevölkerung das Ziel und die Notwendigkeit des Krieges zu erklären.

In den Jahren von 1965 bis zum II. Kongreß der FRELIMO waren die gesellschaftlichen Strukturen der FRELIMO und die Methoden der Arbeit z. T. noch schwach und unterschiedlich organisiert. In dieser Zeit wurden die ersten Genossenschaften organisiert. Sie sollten die Versorgung der Kämpfer und der Unterstützung der Familien dienen, deren Lebensgrundlagen durch die Portugiesen vernichtet waren.

In dieser Zeit gab es ausgehend von Kavandame[29] die Tendenz der Trennung der Kämpfer der FPLM von den politischen Aufgaben, von den Bevölkerungszentren und den Genossenschaften in den befreiten Gebieten. Das wirkte sich negativ auf die politische Klarheit aus und verhinderte, das Bewußtsein und politisches Wissen der FPLM in die Massen zu tragen. Die Soldaten der FPLM sollten kämpfen und Gebiete befreien. Aber eine politische Veränderung in den befreiten Regionen sollten nicht vollzogen werden.

So wurde auch versucht, einen Warenaustausch mit Tansania zu organisieren, der allein ökonomischen Zielen, nicht aber der Unterstützung des Kampfes diente.

Kurz vor dem II. Kongreß der FRELIMO, versuchte Kavandame eine Teilnahme von Kämpfern der FPLM an den Versammlungen der Bevölkerung in den befreiten Gebieten zu verhindern. Dadurch entstanden Schwierigkeiten und Widersprüche.

Klarheit wurde aber auf dem II. Kongreß der FRELIMO geschaffen. Damit wurden auch die Wege für die Entwicklung der politischen Arbeit und des Aufbaus der Machtorgane in den befreiten Gebieten geschaffen und erreicht, daß die positiven Erfahrungen der ersten Jahre in umfassender Weise nutzbar gemacht werden konnten.

Höchstes Organ des befreiten Gebietes in der Provinz Cabo Delgado wurde der Privinzrat (Conselho). An der Arbeit dieses legislativen Organs nahmen Vertreter aller befreiten Regionen teil (insgesamt etwa mehr als 100 Personen).

Die Beratungen dauerten in der Regel 5–6 Tage, je nach der Bedrohung durch feindliche Aktionen. Beraten wurden die Hauptfragen der Weiterführung des Krieges und die Organisierung des Lebens der Bevölkerung. Dabei standen z. B. solche Probleme wie die Gewährleistung der Schulbildung für alle Kinder in den befreiten Gebieten auf der Tagesordnung. Diskutiert wurden auch Probleme der Überwindung von Gewohnheiten der traditionellen Gesellschaft wie der Brautpreis (Lobolo), die Frühehen und die Einführungsriten.

Alle Zusammenkünfte waren so gesichert, daß sie ohne Feindbeeinflussung zu Ende geführt werden konnten. Die Ergebnisse der Beratungen des Provinzrates und die getroffenen Entscheidungen wurden von den Vertretern der einzelnen Regionen in ihren Gebieten verbreitet und durchgeführt.

Das exekutive Organ des Provinzrates war das Provinzkomitee der FRELIMO. Es hatte die Hauptverantwortung für die Führung des Kampfes für die Lösung aller operativer Aufgaben und auch für die Klärung wichtiger sozialer Probleme.

Es sorgte sich um die Durchführung der Beschlüsse des Provinzrates und kontrollierte die Durchführung in den einzelnen Regionen.

Weiterhin legte es Regeln fest, z. B. für die Versorgung der Kämpfer u. a.

Das Provinzkomitee setzte sich zusammen aus:

- dem Provinzsekretär der FRELIMO,
- dem Stellvertreter des Provinzsekretärs (der zugleich alle Verwaltungsaufgaben leitete),
- dem Leiter der Abteilung Verteidigung,
- dem Politkommissar (der sich zugleich mit Erziehung, Gesundheitswesen u. a. sozialen Fragen beschäftigte),
- dem Leiter der Operationsabteilung,
- dem Verantwortlichen für Sicherheit,
- dem Stellvertreter des Politkommissars.

Das Provinzkomitee operierte von einer zentralen Basis aus, die jeweils gewechselt wurde, wenn es die Erfordernisse des Kampfes bzw. die Aufklärungsergebnisse des Gegners notwendig machten. Die Mitglieder des Provinzkomitees verbrachten den größten Teil der Zeit nicht in der Basis, sondern bei den Kämpfern und in den befreiten Gebieten.

Die weitere Untergliederung der FRELIMO-Organe waren der Distrikt, der Zirkel und als Grundeinheit die Zelle.

Das Distriktkomitee wurde von einem Politkommissar geleitet, der von der FPLM benannt war.

Es setzte sich zusammen aus:

- dem Politkommissar,
- dem stellvertretenden Politkommissar,
- dem Kommandanten der Region,

- dem Verantwortlichen für die Arbeit,
- einem Vertreter für Produktion,
- ein Vertreter für Erziehung,
- ein Vertreter für Gesundheit,
- ein Vertreter für die Arbeit mit den Frauen.

Ähnlich war die Zusammensetzung der Leitung der Zirkel, während die Zellen von einem Sekretär und bis zu drei Stellvertretern geleitet wurden.

Hauptaufgabe in allen Bereichen war die Sicherung der Aktivitäten des Volksbefreiungskrieges.

Zugleich wurde die Produktion für die Kämpfer und für die Bevölkerung immer besser organisiert.

Schwierig war oft die Sicherung des Schulunterrichts. Lange Zeit war es so, daß vor Beginn des Unterrichtes die Milizen durch Patrouillen feststellten, ob sich keine feindlichen Kräfte näherten.

Die von der FRELIMO organisierten Frauen erfüllten wichtige Aufgaben in der ganzen Bevölkerung. Sie organisierten den Transport von Kriegsmaterialien, von Landwirtschaftsprodukten und anderen wichtigen Dingen.

In den untersten Einheiten, den Zellen, wurden oft Versammlungen zur Lösung der Hauptaufgaben durchgeführt. Oft wurden auch die kleinen Fragen des Lebens entschieden wie Scheidungen, Streitfälle zwischen Familien u. a.

Die alten traditionellen Strukturen, deren Häuptlinge im Grunde Beamte der Kolonialmacht waren, verloren mit der Schaffung der befreiten Gebiete ohne große Schwierigkeiten bald jede Autorität und damit an Einfluß. Als zählebiger erwiesen sich jedoch solche alten Gewohnheiten wie der Brautpreis, die Frühehen und der Einführungsritus.

Anmerkungen

1 Als junge Nationalstaaten werden hier die Staaten bezeichnet, die sich aus kolonialer und halbkolonialer Abhängigkeit befreit haben.
2 Zahlenangaben nach Andrejew, Ponemarjow, Drei Veröffentlichungen zu Fragen der Länder mit sozialistischer Orientierung, Sowjetwissenschaft, Gesellschaftswissenschaftliche Beiträge, Heft 3, 1980, S. 322.
3 Keunemann, P., Veränderungen in der Welt und die Entwicklungsländer, Probleme des Friedens und des Sozialismus, Heft 3, 1978, S. 300.
4 The Zimbabwe Constitution Order 1979, Capter IV, 38 (1).
5 Ebenda, Capter III, 16.
6 Nehru, I., Briefe an Indira, Düsseldorf 1957, Progreß-Verlag S. 7.
7 Vgl. Keunemann, P., a. o. a. O.
8 Lenin, W. I., Werke, Bd. 30, Berlin 1961, S. 144.
9 Vgl. Recht in den Ländern der sozialistischen Orientierung, Moskau 1979, Verlag Nauka (russisch), S. 44 ff.
10 Vgl. Nwambuza, B. O., Constitutionalism in the Emergent, London 1973; Allot, A. N. New Essays in African Law, London 1970, S. 150.
11 Vgl. Tokarew, Die Religion in der Geschichte der Völker, S. 703.
12 The Irian Constitution, in: „The Peu", 11. II. 1980.
13 Marx, K., MEW Bd. 4, Berlin 1959, S. 132.
14 Breschnew, L. I., Rechenschaftsbericht an den XXV. Parteitag der KPdSU, Berlin 1976, S. 17.
15 Vgl. Primakow, Einige Probleme der Entwicklungsländer, in: Gesellschaftswissenschaften, Moskau 3/78, S. 92.
16 Ponomarjow. B. N., Der reale Sozialismus und seine Bedeutung, in: Aufbau des Sozialismus und Kommunismus und die Entwicklung in der Welt, Berlin 1979, S. 74.
17 Andrejew/Ponomarjow, a. a. O., S. 322.
18 Staruschenko, G. B., Sozialistische Orientierung in Entwicklungsländern, Berlin 1980.
19 Lenin, W. I., Werke, Bd. 25, Berlin 1960, S. 378.

20 Vgl., Lohnarbeit in den Entwicklungsländern, Probleme des Friedens und Sozialismus, Heft 3/1973, S. 424; ebenso Bol. bibliogr. CDI BNU Moçamb. 5 (7) 1975-02-21, S. XI.

21 Kiwa, Die sozialistische Orientierung: Theorie und Praxis, in: Gesellschaftswissenschaften Moskau 2/1978, S. 216.

22 Programm der FRELIMO, Horizont 12/1977, Dokumentation.

23 V. J. Cirkin: Die gegenwärtigen Tendenzen der Entwicklung der Volksmission in den Ländern mit sozialistischer Orientierung, Asien, Afrika, Lateinamerika, 1978.

24 Die am Tage der Unabhängigkeit verkündete Verfassung der Volksrepublik Moçambique bestimmt z. B. im Artikel 71: (in der Fassung vom August 1978, Artikel 79) „Alle früheren Gesetze, die der Verfassung widersprechen sind außer Kraft gesetzt. Soweit gesetzliche Bestimmungen nicht gegen diese Verfassung verstoßen, bleiben sie gültig, bis sie verändert oder aufgehoben sind."

25 Programme of the National Demokratic Revolution of Ethiopia, Sektion IV.

26 Ethiopion Herald 18. XII. 1979, S. 4; Aussprache M. H. Mariams aus Anlaß der Bildung der Kommission zur Organisierung der Partei der Werktätigen Äthiopiens.

27 Marx, K., MEW Bd. 19, Berlin 1962, S. 21.

Anlage:

28 Aus einem Bericht des Mitgliedes des ZK der FRELIMO – Veteran des Befreiungskampfes Raimundo Pachinapa – über die Organisation der Arbeit und der Macht in den befreiten Gebieten.

29 Lázaro Kavandame, in den ersten Jahren des Befreiungskampfes Provinzsekretär der FRELIMO in der Provinz Cabo Delgado, entlarvte sich später als Verräter, lief im April 1969 zu den Portugiesen über.

Gerhard Brehme

Tendenzen und Probleme der Verfassungsentwicklung in den vom Kolonialismus befreiten Nationalstaaten

Juristen, die sich mit den Problemen des Konstitutionalismus und der Entwicklung des Verfassungsrechts in den jungen, aus dem Zerfall des imperialistischen Kolonialsystems hervorgegangenen afro-asiatischen Staaten beschäftigen, haben sich nicht selten veranlaßt gesehen, ihre Arbeiten gegen die Einwendungen oder auch das einfache Desinteresse anderer gesellschaftswissenschaftlicher Disziplinen zu verteidigen, die ebenfalls Probleme des politischen Systems in diesen Staaten untersuchen.

Tatsächlich scheint die Entwicklung in den jungen Nationalstaaten selbst einen gewissen Skeptizismus zu rechtfertigen, was die Rolle betrifft, die Konstitutionalismus als politisch-ideologische und juristische Konzeption, Verfassungen als Grundgesetze des politischen Systems und der Staatsordnung sowie Verfassungsrecht als grundlegender Rechtszweig des sich entwickelnden nationalen Rechtssystems in der politischen Entwicklung der jungen Nationalstaaten gespielt haben und spielen. Überblickt man die Entwicklung der letzen 20–30 Jahre auf diesem Gebiet, so scheint es auf den ersten Blick nicht unbegründet zu fragen, wie groß die gesellschaftliche Effektivität von Verfassungsnormen im Kontext des politischen Systems ist, welche Überlebenschancen Verfassungen und durch sie sanktionierte staatliche Ordnungen in Anbetracht der dynamischen und widersprüchlichen politischen Entwicklung in den meisten jungen Nationalstaaten haben, die von häufigen und zahlreichen Veränderungen des politischen Systems gekennzeichnet sind. Desweiteren muß man die Frage stellen, in welchem Ausmaß selbst ziemlich stabile Verfassungssysteme die politische Realität tatsächlich reflektieren und damit zugleich auch als Quelle wissenschaftlicher Erkenntnisse tauglich sind.

Die meisten der inzwischen fast 90 neuen, aus dem Zerfall des imperialistischen Kolonialsystems hervorgegangenen Staaten haben den Weg in die politische Unabhängigkeit auf der Basis einer Verfassung angetreten. Alle diese Unabhängigkeitsverfassungen waren die hauptsächliche rechtliche Widerspiegelung der neugewonnenen staatlichen Souveränität, die oberste normative Quelle der neuen, nationalen Legitimität des unabhängigen Staates. Mit der Begründung eines auf dieser nationalen Souveränität beruhenden Staats- und Verfassungsrechts leiteten sie zugleich die notwendige Entwicklung eines nationalen Rechtssystems insgesamt ein. Zwar enthielten die meisten dieser Verfassungen oder damit zusammenhängende Rechtsakte Bestimmungen, wonach das bis zur Unabhängigkeit geltende Recht zunächst in Kraft blieb. Aber sie schränkten meist diese Rechtskontinuität durch die Bestimmung ein, daß das übernommene Recht den Prinzipien der Verfassung nicht widersprechen dürfe, die damit auch gegenüber den Rechtsquellen der kolonialen Vergangenheit als oberste Rechtsquelle konstituiert wurde.[1] Außerdem regelten die neuen Verfassungen neben anderen Funktionen des neuen Staates auch dessen normsetzende Gewalt, und es ist unbestritten, daß er auch hier gegenüber der Vergangenheit souverän war.

So schien es, daß diese in der Geschichte unvergleichliche Entstehung so zahlreicher neuer Staaten in so kurzer Zeit zugleich ein neues Kapitel der Verfassungsgeschichte aufgeschlagen hatte. Aber schon in der 2. Hälfte der 60er Jahre hatte sich das Bild augenscheinlich wesentlich verändert. Die Verfassungsentwicklung der meisten jungen Nationalstaaten erwies sich als außerordentlich instabil. Tatsächlich war einer der generellen Züge der politischen Entwicklung, die dem Unabhängigkeitstag folgte, die dynamische Veränderung der Machtverhältnisse und die damit verbundene Instabilität der politischen Systeme. Sie war gekennzeichnet durch zahlreiche und oft plötzliche Veränderungen in der politischen Organisation der Gesellschaft, den Regierungsformen, den wesentlichen politischen Institutionen, wie auch im Bestand der führenden politischen Gruppierungen und Persönlichkeiten, d. h. in den gesellschaftlichen Verhältnissen, die vorwiegend vom Verfassungsrecht geregelt werden.

Verfassungsrechtlich spiegelt sich diese Situation wider:

- In der Kurzlebigkeit vieler Verfassungen.
  Nehmen wir das Beispiel Afrikas. 1968 bereits hatten von den 37 Staaten, die nach 1945 ihre Unabhängigkeit erlangt hatten, nur 5 noch ihre Unabhängigkeitsverfassung.[2] Von diesen Staaten hatten zehn bereits die 2., vier die 3. und einige die 4. Verfassung seit der Unabhängigkeit, neun Staaten überhaupt keine einheitliche Verfassung mehr.[3]
- In dem oft schon in der offiziellen Bezeichnung ausgedrückten Provisorischen vieler Verfassungen.
  Tatsächlich ist die Verfassung, die sich selbst als noch nicht endgültig betrachtet, eine relativ häufige Erscheinung in den jungen Nationalstaaten. Das veranlaßt z. B. den sowjetischen Juristen Jewgenjew, die „Provisorische Verfassung" als eine typische Entwicklungsstufe der Verfassung in den Nationalstaaten mit sozialistischer Orientierung zu betrachten.[4]
- In der Häufigkeit wesentlicher Verfassungsänderungen.
  Beispiele dafür finden sich leicht in allen regionalen Bereichen. Kenia hat z. B. allein in den ersten fünf Jahren seiner Unabhängigkeit 10 solche Verfassungsänderungen erlebt. Die Zahl der Verfassungsänderungen in der dreißigjährigen Verfassungsgeschichte Indiens nähert sich einem halben Hundert. Allein in den 70er Jahren sind mehr als 20 Verfassungsänderungsgesetze verabschiedet worden, von denen mindestens sieben entscheidende politische und verfassungsrechtliche Auswirkungen hatten.
- In der mindestens vorübergehenden Suspendierung des normalen Verfassungsmechanismus zugunsten von Ausnahmeregelungen, die oft schon in den Verfassungen selbst vorgesehen sind, sowie wachsenden Widersprüchen zwischen dem Text der Verfassung und dem realen Mechanismus der politischen Machtausübung.[5]

Wie bekannt, kulminierte diese Krise des verfassungsmäßigen Handelns schließlich in vielen jungen Nationalstaaten in militärischen Staatsstreichen und in der Errichtung von Militärregimes unterschiedlichen sozialen Charakters und unterschiedlicher politischer Zielsetzung. Charakteristisch ist, daß im Zuge solcher Entwicklungen viele Nationalstaaten über längere Perioden in einem verfassungslosen Zustand lebten bzw. leben, daß statt Verfassungen als einheitliche Grundgesetze, die wenigstens einen Minimalaufwand an demokratischer Legitimation ihres Entstehens und ihrer Verbindlichkeit beanspruchen, bestenfalls einige Normativakte verfassungsrechtlichen Charakters bestehen, die zumeist nur das System der zentralen Staatsorgane regeln.[6]

Insgesamt folgte in der politischen Entwicklung einer wachsenden Zahl von jungen Nationalstaaten der Startphase eine Periode, in der die Lebensfähigkeit und die Rechtfertigung des Konstitutionalismus als politische Konzeption, die Möglichkeit verfassungsmäßigen Regierens als Methode politischer Herschaftsausübung prinzipiell in Frage gestellt schien.

Natürlich gab und gibt es auch in Militärregimes ein bestimmtes Minimum von Rechtsnormen, die Fragen des politischen Systems und der staatlichen Ordnung regeln und in anderen Fällen in Verfassungen zu finden sind, also ein Minimum sozusagen von Verfassungsrecht ohne Verfassung (oder dann schon besser von Staatsrecht). Außerdem beobachten wir gerade in neuerer Zeit, daß oft bestimmte Prinzipien und Institute des Staatsrechts, das in der verfassungslosen Zeit entwickelt wurde, in eine neue Verfassungsordnung übernommen werden, wenn ein Militärregime schließlich wieder in ein Zivilregime (und das bedeutet in aller Regel in ein Verfassungsregime) transformiert wird. Ein typisches Beispiel für diese Art der Entwicklung bietet Algerien in der Zeit zwischen der Machtübernahme durch Boumedienne 1965 und der Inkraftsetzung der neuen Verfassung von 1977. Nach der Suspendierung der Verfassung von 1963 wurden, verbunden mit tiefgreifenden Veränderungen in anderen Bereichen der Gesellschaft im Zuge der fortschreitenden nationaldemokratischen Revolution, Schritt für Schritt von unten nach oben neue Institutionen der Staatsmacht, auf der Grundlage politischer Dokumente, die die wesentlichen politischen Ideen und Zielsetzungen formulierten, sowie gesetzlicher Regelungen, die ihrer Natur nach verfassungsrechtlicher Art waren, aufgebaut. Es war darum nicht überraschend, daß die neue Verfassung von 1977 eine Reihe von politischen Ideen, Rechtsprinzipien und institutionellen Regelungen in sich aufnahm, die ihre Bewährungsprobe unter den Bedingungen des Militärregimes bereits bestanden hatten. Eine ähnliche Entwicklung, wenn auch mit durchaus unterschiedlichem Klasseninhalt und anderer gesellschaftlicher Zielsetzung, konnten wir in jüngster Zeit in Nigeria beobachten.

Die Ursachen für die politische Instabilität und damit die Diskontinuität der verfassungsrechtlichen Entwicklung in vielen jungen Nationalstaaten waren und sind mannigfaltig:

- das ökonomische, soziale, kulturelle und nicht zuletzt staatlich-rechtliche Erbe der kolonialen Vergangenheit und die enormen Probleme, die sich im Kampf um seine Überwindung ergeben;
- Veränderungen in der Klassenstruktur der postkolonialen Gesellschaft und damit in der sozialen Basis politisch herrschender Kräfte;
- die Intensivierung des Kampfes zwischen verschiedenen sozialen und politischen Kräften um den einzuschlagenden gesellschaftlichen Entwicklungsweg;
- in den sich in kapitalistischer Richtung bewegenden jungen Staaten die wachsenden sozialen Konflikte und der wachsende Druck der Volksmassen, die im Namen der nationalen Befreiung mobilisiert worden waren, sich aber bald in ihren Erwartungen in Bezug auf ihre soziale Befreiung enttäuscht sahen;
- das in vielen Fällen abnehmende Prestige politischer Persönlichkeiten und Bewegungen, die ihre Popularität dem Sieg über den Kolonialismus zu verdanken hatten und durch einen hohen Grad der Personalisierung der Machtausübung auch die Grundzüge der staatlichen Machtorganisation und ihrer verfassungsrechtlichen Regelung bestimmt hatten;
- Probleme des Regionalismus und Separatismus, die ihre Wurzeln u. a. in den komplizierten ethnischen Verhältnissen haben;
- nicht zuletzt das Fortbestehen der Abhängigkeit dieser Länder vom kapitalistischen Weltwirtschaftssystem und die allein damit gegebenen Möglichkeiten massiver Einflußnahme auf die politische Entwicklung von seiten des Imperialismus und Neokolonialismus.

Hinzu kommt, daß die modernen Elemente der nach der Unabhängigkeit entwickelten politischen Systeme (Parteien und Parteisysteme, Parlamente, Wahlen, Grundrechte u. a.), einschließlich der entsprechenden Verfassungsprinzipien und -institute, in den meisten der neuen Staaten verhältnismäßig jung sind und in der Geschichte dieser Staaten nicht das ideologische Gewicht einer langen nationalen Tradition besitzen, auf die sich herrschende Klassenkräfte zur Stabilisierung ihrer politischen Macht stützen konnten. Und das nicht nur wegen der kolonialen Vergangenheit, wo die kolonialstaatliche Beherrschung nationale Souveränität und damit eigene Verfassungsgesetzlichkeit ausschloß. Wir dürfen nicht vergessen, daß viele der afroasiatischen Staaten, als sie ihre Unabhängigkeit erlangten, ein Stadium ihrer gesellschaftlichen Entwicklung erreicht hatten, das – historisch und unter dem Gesichtspunkt der Gesellschaftsformationen gesehen – vor dem Punkt liegt, an dem ehemals in Europa die Konzeption desKonstitutionalismus entstand und sich die Praxis von Verfassungen entwickelte.

Das Bestreben der herrschenden Klassenkräfte andererseits, all diesen, tendenziell in Richtung eines Stabilitätsverlusts wirkenden Faktoren entgegenzuwirken, spiegelt sich in der Organisation der Staatsmacht, insbesondere in dem vorherrschenden Trend zur Machtzentralisation und -konzentration und zur Fixierung der entsprechenden verfassungsrechtlichen Prinzipien und Institute wider. Daher z. B., soweit es die Regierungsform betrifft und soweit diese republikanisch ist, die weitverbreitete Tendenz zum Präsidialsystem, zum „Neopräsidentialismus", wie auch zum straff zentralisierten Einheitsstaat.

Insgesamt haben wir es, historisch gesehen, mit einer Anfangs- und Übergangsphase in den jungen Nationalstaaten zu tun, in der die verschiedenen sozialen und politischen Kräfte um solche Formen der politischen Organisation der Gesellschaft ringen, die für die Verwirklichung ihrer Klasseninteressen die günstigsten sind.

Es ist in diesem Zusammenhang interessant zu beobachten, daß es seit Beginn der 70er Jahre in einer beträchtlichen Zahl der jungen Nationalstaaten, insbesondere in Afrika, zu einer Art Renaissance des Konstitutionalismus zu kommen scheint. Das wird natürlich besonders deutlich in den Staaten mit bisherigen Militärregimes, die seitdem wieder zu verfassungsmäßigen Formen der politischen Machtausübung übergegangen sind. Das betrifft z. B. im subsaharischen Afrika Mali, Burundi, Zaire[7], Madagaskar[8], Benin, Obervolta, Nigeria, VR Kongo, Ghana, unter den arabischen Ländern Nordafrikas Algerien[9], das nach 12 Jahren Herrschaft unter Führung eines Revolutionsrates 1976 eine neue Verfassung angenommen hat. In Übereinstimmung mit diesem Trend steht auch die Entwicklung in den ehemaligen portugiesischen Kolonien, die, als sie Mitte der 70er Jahre ihre Unabhängigkeit erkämpften, ebenfalls Verfassungen annahmen und sie zum Teil, wie z. B. Moçambique, inzwischen bereits erneuert haben[10], oder, wie z. B. Guinea-Bissau, dabei sind, sie zu erneuern. Die letztere Gruppe von Staaten ist in unserem Zusammenhang insofern von Interesse, als die politische Unabhängigkeit in diesen Ländern bekanntlich das Ergebnis eines bewaffneten Befreiungskampfes war, in dessen Verlauf die politische Führung der Befreiungsbewegung weitgehend identisch war mit der militärischen Führung des bewaffneten Kampfes und das politische System, das die Befreiungsbewegung bereits vor der Unabhängigkeit in den befreiten Gebieten geschaffen hatte, unvermeidlich bestimmte Züge eines Militärregimes getragen hatte.

Zugleich haben in jüngster Zeit eine Reihe von Nationalstaaten die Kontinuität ihrer Verfassungsentwicklung durch die Annahme neuer oder revidierter Verfassungen unterstrichen, wie z. B. Tansania 1977[11] und die VDRJ 1978.

Überblicken wir also den Gesamtzeitraum des Zerfalls des imperialistischen Kolonialsystems nach dem Zweiten Weltkrieg, so ist unschwer eine allgemeine Tendenz zur Konstitutionalisierung wesentlicher gesellschaftlicher Beziehungen zu erkennen, die sich mit vielen Widersprüchen und Schwierigkeiten, Fortschritten und Rückschlägen langfristig durchgesetzt und behauptet hat.

Es ist offensichtlich, daß sich diese allgemeine Tendenz durch einen wesentlichen Widerspruch hindurch realisiert, der im Wesen verfassungsrechtlicher Normierung politischer Systeme selbst liegt. Die eine Seite dieses Widerspruchs besteht in der Tatsache, daß die Funktionsfähigkeit von Verfassungen und Verfassungsordnungen zu einem guten Teil von der Stabilität des politischen Gesamtsystems abhängt, dessen wesentliche Elemente sie rechtlich sanktionieren. Verfassungen können zu dieser Stabilität beitragen, können sie aber nicht schaffen. Zugleich reflektieren Verfassungen in Bezug auf eben dieses politische System ein bestimmtes Niveau der Gesetzlichkeit, die bindend auch für die wesentlichen Institutionen der poltischen Macht selbst ist, d. h. für die Art und Weise, wie herrschende Klassen politische Macht unter den gegebenen Umständen ausüben.

Die andere Seite des Widerspruchs liegt in dem ebenso offensichtlichen Bestreben der meisten in den jungen Ländern herrschenden Klassenkräfte, die politisch-ideologische, moralisch-legitimierende und organisierende Funktion von Verfassungen und Verfassungsrecht für die Stabilisierung ihrer politischen Herrschaft und die Durchsetzung ihrer gesellschaftlichen Ziele zu nutzen. Es bestätigt sich damit auch in der jungen politischen Geschichte der neuen Nationalstaaten der wichtige Platz, den Verfassungsprinzipien und -normen im Bestand der politischen Normen als Teil jeglichen politischen Systems einnehmen.[12]

Schließlich sollte die allgemeine Tendenz zur verfassungsmäßigen Ausprägung politischer Systeme in den jungen Staaten nicht nur von ihrer quantitativen Seite her bewertet werden. Ihre qualitative Seite ist darin zu sehen, daß auch der neue Typ der revolutionären Entwicklung mit sozialistischer Orientierung, die inzwischen etwa 20 der jungen Nationalstaaten erfaßt hat, in der Regel verfassungsrechtlich widergespiegelt wird. Dabei haben sich eine Reihe qualitativ neuer Züge verfassungsrechtlicher Normierung herausgebildet, in denen der historische Typ der nationaldemokratischen bzw. volksdemokratischen Revolution und der Klassencharakter des von ihr geschaffenen Staates zum Ausdruck kommen.

Wie bereits erwähnt, traten die meisten jungen Nationalstaaten in die Periode ihrer selbständigen Entwicklung unter den Bedingungen einer Verfassung ein, die sie im Zeitpunkt der Unabhängigkeit erhalten hatten. Viele dieser Verfassungen waren unter dem bestimmenden Einfluß der ehemaligen kolonialen Macht zustandegekommen. Das galt insbesondere für die meisten ehemaligen britischen Kolonien, deren Unabhängigkeitsverfassungen – durch vorangegangene koloniale Verfassungsreformen und Verfassungskonferenzen langfristig vorbereitet – in der Regel nicht einmal formell Produkt der Ausübung der eigenen souveränen Staatsgewalt waren, sondern durch Rechtsakt der britischen Metropole oktroyiert wurden. So wurden die ehemaligen Kolonien zu Dominions mit der englischen Königin als Staatsoberhaupt erklärt und ihnen ein nach dem sogenannten Westminster-Modell gefertigtes Regierungssystem aufgedrängt. Wenngleich entsprechend der eigenen Rechtstradition in anderen Formen und historisch später einsetzend, verfolgte der französische Kolonialismus in seiner Spätphase die gleiche Konzeption. Die aus dem Zerfall der sogenannten Communauté von 1958 hervorgegangenen frankophonen Staaten des subsaharischen Afrika beschritten den Weg ihrer politischen Unabhängigkeit mit Verfassungen, die, obwohl durch eigene verfassungsgebende Versammlungen beschlossen, weitgehend dem Modell der V. Französischen Republik nachgebildet worden waren und teilweise auch, miteinander verglichen, nahezu identische Texte hatten.

Es ist oft beobachtet worden, daß sich dieser Prozeß des „Transfer of Power" in der Regel in den Fällen vollzog, wo die nationalen Befreiungsbewegungen die Unabhängigkeit ihres Landes mit relativ friedlichen, d. h. nichtmilitärisch-politischen Mitteln erkämpfen konnten, was bestimmte Kompromisse einschloß. Andererseits ist offensichtlich, daß diese Art neokolonialistischen Einflusses auf die Entstehung der Unabhängigkeitsverfassungen dort geringere oder keine Chancen hatte, wo die Unabhängigkeit Ergebnis eines bewaffneten Befreiungskampfes war, wie z. B. in Algerien, der VDRJ oder den ehemaligen portugiesischen Kolonien Afrikas. Ultralinke Kreise haben zu Unrecht daraus ihre Argumente für die Verabsolutierung des bewaffneten Kampfes abzuleiten versucht. In jüngster Zeit sollte das Beispiel Simbabwes als Warnung davor dienen, aus der allgemeinen historischen Erfahrung ein Schema zu machen, verbinden sich doch in diesem Beispiel beide Erfahrungslinien. Es ist unbestritten, daß es vor allem die Erfolge des bewaffneten Kampfes der nationalen Befreiungsorganisationen waren, die Großbritannien an den Verhandlungstisch in Lancaster House zwangen. Aber die Verfassung, die als Kompromiß in diesen Verhandlungen vereinbart wurde und am Unabhängigkeitstag in Kraft trat, war nach oben beschriebener Tradition ein britischer Rechtsakt[13] und trägt weitgehend den Stempel britischen Verfassungsrechts.

Die hauptsächliche Zielsetzung, die die zum Rückzug gezwungenen Kolonialmächte mit dieser Politik verfolgten, war – neben der sozial-politischen Neuorientierung auf nationale Bougeoisie, Kleinbürgertum und Intelligenz als potentiellen Verbündeten –, aktiv Einfluß zu nehmen auf die Herausbildung der nationalen Staatsmacht im Sinne einer prokapitalistisch-bürgerlichen Entwicklung, den sich konstituierenden nationalen Staat in den Rahmen der westlichen Demokratie zu zwängen, ihm unter Ausnutzung verbliebener kolonialer Machtposition weitgehend das Modell der kolonialen Metropole aufzudrängen.

In den meisten Fällen war das Ergebnis, daß den vom Kolonialismus befreiten Völkern ein beträchtliches politisch-ideologisches und staatlich-juristisches Erbe in die Wiege der Unabhängigkeit gelegt wurde. Grundzüge dieses Erbes waren solche Konzeptionen, Doktrinen und Regelungsprinzipien des bürgerlichen Staatsrechts wie die Auffassung des Staates als klassenneutrales Organ des Gemeinwohls oder Repräsentant einer sozial nicht differenzierten Nation. Ferner die Doktrin der Gewaltenteilung, bürgerliche Gesetzlichkeitsauffassungen einschließlich justizförmiger Verfassungs- und Grundrechtskontrolle, pluralistisches Mehrparteiensystem und darauf aufbauender bürgerlicher Parlamentarismus mit institutionalisierter (mindestens potentieller) Opposition, desweiteren die Doktrin von der politischen Neutralität des Verwaltungsapparats, Unabhängigkeit der Justiz im Sinne formeller Nichtverantwortlichkeit vor den politischen Machtorganen und mit entsprechender institutioneller Abschirmung, bürgerliche Selbstverwaltungsschemata für die Organe der örtlichen Staatsmacht, bürgerliche Grundrechtsauffassungen u. a. Unter dem Vorwand der Berücksichtigung der besonderen sozial-politischen und ethnischen Verhältnissen wurden in einigen Fällen Föderativ- oder Dezentralisierungsschemata durchgesetzt bzw. Regelungen eingeführt, die es ermöglichten, die Institutionen traditioneller Oberschichten in den Verfassungsmechanismus zu integrieren.

Umfang und Einfluß dieses kolonialistisch-neokolonialistischen Erbes waren natürlich unterschiedlich je nachdem, welche der Klassenkräfte, die am nationalen Befreiungskampf beteiligt waren, in den sich befreienden Ländern zur Macht kamen, welche konkrete politisch-rechtliche Form die Kolonialherrschaft in dem betreffenden Territorium angenommen hatte usw. Auch kam das Präsidialsystem der V. Französischen Republik den Konzentrations- und Zentralisationstendenzen in den neuentstandenen Nationalstaaten natürlich mehr entgegen als das Modell der britischen parlamentarischen Monarchie.

In den meisten Fällen aber war das Ergebnis dieses Prozesses jedenfalls, daß im Zeitpunkt der Unabhängigkeit ein mehr oder weniger tiefer Widerspruch bestand zwischen dem unter dem ideologischen oder auch direkt machtpolitischen Einfluß der Kolonialmacht etablierten und in der Verfassung sanktionierten politisch-staatlichen Überbau einerseits und der gesellschaftlichen Basis der befreiten Länder, ihrer sozial-ökonomischen und ethnischen Struktur, ihren nationalen politisch-ideologischen Traditionen und den Interessen und Bedürfnissen der Volksmassen, ja selbst den Macht- und entwicklungspolitischen Interessen zur Herrschaft gelangter bürgerlicher und probürgerlicher Klassenkräfte andererseits.

Die Festigung der politischen Unabhängigkeit, in der Moskauer Erklärung der Internationalen Beratung kommunistischer und Arbeiterparteien 1960 an erster Stelle des Aufgabenkatalogs nach der Erringung der Unabhängigkeit genannt[14], erforderte darum nicht zuletzt die Überwindung dieses Widerspruchs, so vor allem die Beseitigung des kolonialen Erbes auf politisch-staatlichem und juristischem Gebiet und der darauf gegründeten neokolonialen Einflußnahme zugunsten einer Staatsmacht, die in ihren Grundlagen, Organisationsformen und rechtlichen Regeln den nationalen Gegebenheiten und Umständen entsprach. Tatsächlich ist die Auseinandersetzung mit diesem Teil des kolonialen Erbes in vielen jungen Nationalstaaten einer der Grundzüge der Entwicklung der nationalen Staatlichkeit und der Verfassungsgesetzlichkeit in der ersten Etappe nach der Unabhängigkeit.

Bereits Ende der 60er Jahre war offensichtlich, daß der großangelegte, aber – wie sich zeigte – weitaus zu bornierte und primitive Versuch des Neokolonialismus, seinen Einfluß auf die politisch-staatliche Entwicklung der befreiten Länder durch den einfachen Export des eigenen politisch-staatlichen Systems und der entsprechenden Verfassungskonzeptionen zu sichern, in den meisten Fällen fehlgeschlagen war. Die Entwicklung der staatlichen Organisation und ihrer verfassungsrechtlichen Regelung hatte sich in den meisten jungen Nationalstaaten beträchtlich vom ursprünglichen historischen Ausgangspunkt entfernt[15]. In der bürgerlichen Literatur, die sich mit den politisch-staatlichen Systemen und den Verfassungen der jungen Nationalstaaten befaßt, fand dies denn auch bald seine Widerspiegelung im Abrücken von der platten Apologie des eigenen Modells und der geheiligten Prinzipien bürgerlicher Staatlichkeit zugunsten flexiblerer, insbesondere von den Politologen entwickelter Konzeptionen, wie z. B. von der Entwicklungsdiktatur, dem Modernisierungsstaat, dem ideologisch offenen Einparteisystem u. a.[16]

Bei alledem wurde sehr bald eines deutlich: Je mehr sich die in den jungen Nationalstaaten zur Macht gekommenen Klassenkräfte profilierten und je mehr sich damit auch die Entwicklungswege der befreiten Länder differenzierten, umso mehr unterscheiden sich auch Tempo, Tiefe und Konsequenz dieser Abkehr von den ererbten oder vom Neokolonialismus offerierten staatlichen Strukturen und Verfassungsmodellen bürgerlicher Provenienz und deren theoretischer Begründung. Zwar sahen sich auch in den Nationalstaaten, die einen kapitalistischen Weg beschritten, die herrschenden nationalbürgerlichen oder kleinbürgerlich-prokapitalistischen Kräfte veranlaßt, Modifikationen in dem ererbten Verfassungssystem vorzunehmen, soweit es nicht den konkreten Bedingungen ihrer Herrschaftsausübung entsprach. Das konnte wegen der noch geringen Klasssendifferenzierung, oder wegen der Vorherrschaft, die sich eine politische Partei im antikolonialen Kampf errungen hatte, sein. Ferner, daß eine zur Macht gekommene Bourgeoisie oder prokapitalistische Kräfte die Entfaltungs- und Aktionsmöglichkeiten der werktätigen Massen fürchteten. In vielen dieser Staaten traten Einparteisysteme an die Stelle des importierten Mehrparteiensystems oder wurde doch der Parteienpluralismus verfassungsrechtlich beschränkt, wurde das importierte parlamentarische Regierungssystem zugunsten eines Präsidialsystems oder anderer Formen der Machtkonzentration aufgegeben, wurden oktroyierte föderalistische Elemente zugunsten unitarischer Strukturen überwunden usw. Und auch in nicht wenigen dieser Staaten resultierte die Krise des Verfassungssystems zunächst einmal im Bankrott verfassungsmäßiger Herrschaft überhaupt. So brachten z. B. Staatsstreiche Militärregimes an die Macht, die die Formen der politischen Machtausübung noch mehr veränderten, ohne allerdings in diesen Fällen die soziale Grundlage und die gesellschaftliche Entwicklungsrichtung der Staatsmacht zu verändern. Andererseits führte der fortdauernde Widerspruch zum Imperialismus auch in einer Reihe dieser Staaten dazu, daß in die Verfassungen Prinzipien aufgenommen wurden, die objektiv antiimperialistischen Inhalt besitzen, so z. B. in Bezug auf die Kontrolle wichtiger Wirtschaftsbereiche durch den nationalen Staat und die damit verbundene Beschränkung des Auslandskapitals oder auf dem Gebiet der Außenpolitik.

Insgesamt beschränkte sich jedoch in diesen Fällen die theoretische Kritik an den bürgerlichen Verfassungsdoktrinen und -modellen und die praktische Abkehr von ihnen auf einen bürgerlich-nationalistischen Ausgangspunkt. Ablehnung und Abkehr erfolgten, weil und insoweit diese Doktrinen und Modelle nicht national, sondern fremdländisch waren und an die koloniale Vergangenheit erinnerten. Das sprengte im wesentlichen ideologisch nicht die Grenzen bürgerlichen Staatsdenkens und ließ im einzelnen dem Fortwirken staatsrechtlicher Prinzipien und Institute, die ihre Wurzeln im Rechtssystem der ehemaligen Metropole oder doch jedenfalls der entwickelten bürgerlichen Staaten haben, breiten Spielraum. Darüber hinaus ist in jüngster Zeit in Staaten, die sich vorläufig auf national-bürgerlicher Grundlage relativ konsolidiert haben, eine gewisse Reaktivierung von Prinzipien und Instituten zu beobachten, die für das Verfassungsrecht der entwickelten kapitalistischen Länder typisch sind.

Im übrigen war und ist diese nationale Modifikation der ererbten Modelle bzw. die Etablierung eines Verfassungssystems, das die nationalen Besonderheiten widerspiegeln sollte, in den Staaten mit kapitalistischer Entwicklungsrichtung oft eine sehr widersprüchliche Erscheinung. Da die Aufnahme bürgerlich-demokratischer Prinzipien und Institute potentiell ein gewisses Maß bürgerlich-kapitalistischer Freiheit und Gesetzlichkeit bedeutete, so konnte ihre Beseitigung auch ausgesprochen reaktionären Zielen und konservativen Interessen dienen und die Bedingungen für die politische Organisierung und des Kampfes der progressiven Kräfte verschlechtern. Eine geradezu klassische Summierung der Lehren, die eine sich entwickelnde nationale Bourgeoisie aus etwa 20 Jahren politisch-staatlicher Herrschaft für eine in ihrem Interesse bessere und effektivere Machtausübung gezogen hat, enthalten die jüngsten Verfassungsdokumente Nigerias.

In den Nationalstaaten mit sozialistischer Orientierung dagegen war und ist die Ablehnung der Konzeptionen und verfassungsrechtlichen Regelungen ehemaliger Kolonialmetropolen oder der bürgerlichen Staatlichkeit überhaupt Bestandteil des gesamten revolutionären Umwälzungsprozesses.[17] Sie erfolgt hier nicht in erster Linie, weil diese Konzeptionen und Regelungen nicht national, sondern weil sie bürgerlich sind, weil sie Instrumente des politisch-staatlichen Systems kapitalistischer Gesellschaften darstellen und darum als Rechtsformen eines auf eine sozialistische Perspektive gerichteten revolutionären Prozesses ungeeignet sind. Hier entwickeln und entfalten sich, gestützt auf eine revolutionäre Staatsideologie und unterstützt durch den Einfluß der Erfahrungen der Staatlichkeit und des Verfassungsrechts der sozialistischen Länder, in einem langwierigen und schwierigen Prozeß qualitativ neue Prinzipien und Institute einer revolutionär-demokratischen Staatlichkeit. Diese sprengen nicht nur die Grundlagen und Grenzen einer eventuell ererbten Verfassungsordnung, sondern, wenn sie konsequent weiter und zu Ende geführt werden, führen den Staat überhaupt aus dem politischen Einflußbereich des Imperialismus und damit auch aus dem Einflußbereich bürgerlichen Staatsdenkens und bürgerlicher Verfassungstradition heraus.

Wir sind damit an einem Punkt angelangt, der für die marxistisch-leninistische Methodologie der Ausgangspunkt auch der Analyse von Verfassungen und Verfassungsrecht der vom Kolonialismus befreiten Länder ist und der allein uns in der außerordentlichen Vielfalt und Mannigfaltigkeit der staatlich-rechtlichen Erscheinungsformen der neuen Staatenwelt zunächst einen roten Faden der Orientierung und Einordnung in die Hand geben kann.

Versuchen wir, die neuen Nationalstaaten hinsichtlich ihrer staatlichen Formen und der entsprechenden rechtlichen Regelungen zu überblicken, so ergibt sich ein sehr differenziertes Bild: fast noch absolute, konstitutionelle und teils parlamentarische Monarchien (jedenfalls in der eigentümlichen Form des Dominions); prokapitalistische bzw. schon kapitalistische parlamentarische Republiken und Präsidialrepubliken; national- bzw. volksdemokratische Republiken in den Ländern mit sozialistischer Orientierung; Staaten, in denen sich – besonders unter dem Einfluß islamischer Staatsauffassungen – theokratische Elemente der Staatsform erhalten bzw., wie jüngst im Iran, verstärkt haben; föderative und Einheitsstaaten, Staaten mit Einparteisystem, Mehrparteisystemen oder überhaupt ohne Parteien, militärische und halbmilitärische Regimes sowie die verschiedensten Übergangs- und Mischformen bis hin zu dem Versuch, die staatliche Organisation in erklärter Abkehr von allen bekannten Erfahrungen und Kategorien zu gestalten wie z. B. in Libyen.

Daraus ergeben sich für die antiimperialistischen, demokratischen und revolutionären Kräfte jeweils sehr unterschiedliche politische Bedingungen des Kampfes um die Weiterführung der nationalen Befreiungsrevolution, woraus wiederum unterschiedliche Aufgaben und Forderungen dieser Kräfte für die Entwicklung der Staatsmacht und damit auch in Verfassungsfragen resultieren. Unter dem Gesichtspunkt der Verfassungstheorie ist klar, daß es hier kein einheitliches Modell, keinen Verfassungstyp eines jungen Nationalstaates, eines Entwicklungslandes usw. geben kann, also auch verfassungstheoretisch keine „Dritte Welt“. Die gelegentlich unternommenen Versuche bürgerlicher Theoretiker, ein allgemeingültiges Modell einer Entwicklungsverfassung zu finden, sind schon deshalb fruchtlos geblieben.

Es bleibt aber die Frage: Ist es überhaupt möglich, in dieser Mannigfaltigkeit der Erscheinungen allgemeine Entwicklungstendenzen zu erkennen? Wo sind hier die Möglichkeiten und Grenzen der Vergleichbarkeit? Gibt es Ansätze einer gewissen, wissenschaftlichen Kriterien folgenden Ordnung der Vielfalt?

Wir können auch hier von dem bewährten marxistisch-leninistischen Grundsatz ausgehen, daß Verfassungsfragen Fragen der politischen Macht und damit Fragen von Klassenkampf und Klassenherrschaft sind. Es geht darum vor allem um den Klassencharakter der jungen Nationalstaaten, der notwendigerweise auch die Grundzüge ihrer Verfassungsentwicklung wesentlich mitprägen muß. Die Erfahrungen der kurzen Geschichte dieser Staaten zeigen, daß Möglichkeiten und Grenzen der Weiterführung der nationalen Befreiungsrevolution unter den Bedingungen der politischen Unabhängigkeit zunächst im wesentlichen davon abhingen, welche der sozialen und politischen Kräfte, die im Zeitpunkt der Erringung der nationalen Staatlichkeit im gegebenen Lande existierten, den entscheidenden Einfluß auf die Staatsmacht gewinnen, unter welchen konkreten Bedingungen des Klassenkräfteverhältnisses und des politischen Systems sie ihre staatliche Klassenherrschaft ausüben, welchen allgemeinen Entwicklungsweg die betreffenden Länder einschlagen und in welcher Richtung sich damit das Klassenkräfteverhältnis entwickelt. Dieser historische Ausgangspunkt war aber in den neuentstehenden Nationalstaaten von vornherein sehr unterschiedlich: Es handelte sich um feudale und halbfeudale Staaten, solche mit relativ weitentwickelter nationalbürgerlicher Basis wie auch solche, in denen auf der Grundlage eines relativ niedrigen Standes der Klassendifferenzierung vorwiegend kleinbürgerliche Kräfte mit den in ihrer Klassenposition liegenden Möglichkeiten unterschiedlicher politischer Profilierung zur Macht kamen. In den meisten Fällen war die Klassenkräftesituation überdies weniger durch die Alleinherrschaft einer bestimmten Klasse als durch Klassenbündnisse und Klassenkompromisse geprägt. Jedenfalls war der Klassencharakter der neu gebildeten Nationalstaaten, obwohl sie alle ihr Entstehen dem Zerfall des imperialistischen Kolonialsystems verdanken, von Anfang an sehr unterschiedlich. In dieser Situation spiegelte sich das Gesetz von der ungleichmäßigen Entwicklung des Kapitalismus in der kolonialen Sphäre sowie das unterschiedliche politische Kräfteverhältnis wider, das im Prozeß des nationalen Unabhängigkeitskampfes im Inneren der Länder erreicht worden war.[18]

Überblicken wir die Entwicklung der letzten Jahrzehnte in diesem Zusammenhang, so werden einige Entwicklungstendenzen deutlich:

a) Im Innern dieser Länder formieren, profilieren und differenzieren sich die Klassenkräfte. Die Klassenwidersprüche haben sich vertieft, die sozialen und politischen Klassenkämpfe verschärft. Diese Tendenz beeinflußt zutiefst das praktisch-politische und ideologische Verhältnis der verschiedenen sozialen und politischen Kräfte zur neuen Staatsmacht. Der gesamtnationale Nimbus der neuen Staatsmacht, den sie als Produkt eines nationalen Befreiungskampfes hatte, schwächt sich ab und manifestiert sich als das, was sie hier wie überall in der Geschichte ist. Und zwar staatliche Machtausübung bestimmter herrschender Klassen und Schichten im Interesse eben dieser Klassen und Schichten und ihrer evtl. Verbündeten. Damit schwächt sich auch der Nationalismus ab, der als vorherrschende Ideologie auch das Verfassungsdenken der Führungskräfte bestimmend beeinflußte, oder er büßte allmählich seine progressiven Potenzen ein. Das alles blieb nicht ohne Einfluß auf die Verfassungsentwicklung. Es prägt sich einerseits aus im klaren Bekenntnis zum Klassencharakter des Staates und in der differenzierten Umschreibung der konkreten Klassenbasis des gegebenen Staates in den Verfassungen der Nationalstaaten mit sozialistischer Orientierung[19], andererseits führt es zur Verstärkung und Modernisierung jener fiktiven und demagogischen Elemente in den Verfassungen von Nationalstaaten mit kapitalistischer Entwicklungsrichtung, die objektiv der Verschleierung des Klassencharakters dienen. Ein typisches Beispiel für den letzteren Fall stellt das neu aufgenommene Kapitel II „Grundziele und Richtlinien der Staatspolitik" in der Verfassung Nigerias von 1979 dar.

b) Die Differenzierung der Entwicklungswege zwischen den neuentstandenen Staaten hat sich verstärkt. Unter dem Einfluß des sich weiter zugunsten des gesellschaftlichen Fortschritts verändernden Kräfteverhältnisses in der Welt hat der weltrevolutionäre Prozeß nach der Herausbildung des sozialistischen Weltsystems gerade in den jungen Nationalstaaten bedeutende Fortschritte gemacht. Das wichtigste Ergebnis dieser Entwicklung war bekanntlich die Entstehung einer Gruppe von Nationalstaaten, die einen gesellschaftlichen Entwicklungsweg mit sozialistischer Orientierung eingeschlagen und eine national-demokratische Revolution begonnen haben, die das Land an den Aufbau des Sozialismus heranführen soll. Damit entwickelte sich auch eine neue Variante einer revolutionär-demokratischen Staatsmacht, deren eigentümliche Züge sich in den meisten Fällen auch in der Verfassungsentwicklung der betreffenden Staaten ausgeprägt haben.

Auf der anderen Seite haben sich in einer Reihe von Staaten die von Anfang an vorhandenen kapitalistischen Ansätze der gesellschaftlichen Entwicklung relativ konsolidiert, wie z. B. in Indien, Tunesien, Nigeria, Kenia u. a., oder sie wurden reaktiviert wie in Ägypten, was seine Widerspiegelung ebenfalls in den Verfassungssystemen findet.[20]

Diese stärkere Ausprägung der unterschiedlichen Entwicklungswege und ihre Widerspiegelung in der verfassungsrechtlichen Entwicklung hat, neben anderen Faktoren, vor allem in Afrika die betreffenden Staaten verhältnismäßig weit von dem ehemals gemeinsamen und in vielem übereinstimmenden, aus der Rechtskultur der ehemaligen Kolonialmetropole stammenden verfassungsrechtlichen Ausgangspunkt weggeführt. Ein Vergleich der Verfassungsentwicklung solcher Nationalstaaten wie Kenia und Tansania im ehemals britisch-kolonialen, der VR Kongo und Senegal im frankophonen Rechtsbereich macht dies überaus deutlich.

c) Die gesellschaftliche Entwicklung in beiden Grundrichtungen hat weitgehend zum Abbau oder zur revolutionären Überwindung besonders anarchistischer oder rückständiger gesellschaftlicher Strukturen geführt. Damit wurden zugleich diejenigen Klassen und sozialen Schichten, die diese Verhältnisse repräsentierten, als herrschende soziale Kräfte ausgeschaltet oder zurückgedrängt und damit zum Teil auch die Herrschaftsformen beseitigt oder verändert, die für diese gesellschaftliche Situation typisch waren.

Charakteristisch für diese Tendenz ist das Schicksal, das viele Monarchien im Kreise der jungen Staaten ereilt hat, so z. B. in Ägypten, Libyen, Afghanistan, Iran, Äthiopien, Uganda u. a., ganz zu schweigen vom Anachronismus des sogenannten Zentralafrikanischen Kaiserreichs des Pseudo-Napoleon Bokassa. Jener historische Klassenkompromiß zwischen Feudalklasse und Bourgeoisie, der in der Übergangsphase vom Feudalismus zum Kapitalismus in Europa in vielen Fällen zum Übergang von der halbfeudalen konstitutionellen Monarchie zur durch und durch kapitalistischen parlamentarischen Monarchie führte, hat in der neuen Staatenwelt offenbar wenig historische Chancen.

Voll in diese Richtung gehören auch die Ausschaltung der ehemaligen Fürsten aus der Föderativstruktur Indiens, die Zurückdrängung der Feudalkräfte in Nigeria, die Tendenz zur formellen Ausschaltung der sogenannten traditionellen Autoritäten und ihrer Institute aus dem verfassungsrechtlich geregelten Staatsmechanismus der meisten afrikanischen Staaten[21] usw.

Es bleibt abschließend zu dieser Frage festzustellen, daß auch heute die jungen Nationalstaaten, unter dem Gesichtspunkt ihres Klassencharakters und damit des Staatstyps, den sie repräsentieren, kein einheitliches Bild bieten. Sie alle befinden sich mehr oder weniger in einem Übergangsstadium von einer Gesellschaftsformation zu einer anderen, stehen aber an durchaus unterschiedlichen Punkten dieses Übergangs und vollziehen ihn gegenwärtig noch in unterschiedlichen Richtungen. Trotzdem ist es, will man einen Ausgangspunkt für eine gewisse Typologisierung oder Klassifikation der jungen Nationalstaaten unter dem Gesichtspunkt ihrer staatlichen Organisation und deren verfassungsrechtlicher Regelung gewinnen, möglich, bestimmte Grundsituationen der Klassenstruktur und des Klassenkräfteverhältnisses festzuhalten. Natürlich wissen wir, daß die konkreten Formen der staatlichen Organisation und ihrer rechtlichen Regelung außer vom Klassencharakter und Typ des Staates von vielen anderen Faktoren bestimmt werden. Andererseits lehrt aber die Geschichte, daß bestimmte Staatstypen in ihrer jeweiligen Entwicklungsetappe die Tendenz zu bestimmten Formen der staatlichen Organisation der herrschenden Klasse erzeugt haben. Wir können dasselbe auch in der Entwicklung der jungen Nationalstaaten und ihres Verfassungsrechts feststellen. Die modifizierte Neuauflage der in der europäischen Geschichte des Übergangs vom Feudalismus zum Kapitalismus wohlbekannten Form der konstitutionellen Monarchie in einigen afroasiatischen Staaten ist ebensowenig zufällig wie die Tatsache, daß die Tendenz zu Einpartei-Präsidialsystemen gerade im subsaharischen Afrika so ausgeprägt war und ist.

Da diese Grundsituationen und die aus ihnen hervorgehenden Tendenzen der staatlichen Organisation zugleich verfassungsrechtlich jeweils eine Reihe gleicher oder ähnlicher und damit vergleichbarer Prinzipien, Regelungen und Institute hervorbringen, könnte man hier vielleicht von entsprechenden Verfassungstypen sprechen. Hinsichtlich der Verfassung des Nationalstaates mit sozialistischer Orientierung ist dies in neueren sowjetischen Arbeiten bereits geschehen, die die auf Tschirkin zurückgehende staatstheoretische Formel vom Staat, der zum sozialistischen Typ übergeht[22] auch auf den Typ der Verfassung anwenden.[23]

Anmerkungen

1 Eins der jüngsten Beispiele ist Art. 3 der Verfassung des am 18. 4. 80 unabhängig gewordenen Simbabwe:
„This Constitution is the supreme law of Zimbabwe and if any other law is inconsistent with this Constitution that other law shall, to the extent of this inconsistency, be void."

2 Vgl. Afrika heute, 24/1968, Tabelle S. 366

3 Das Recht in den unabhängigen Ländern Afrikas, Moskau 1969, S. 73 (russ.)

4 Jewgenjew, W. E., Tendenzen und Perspektiven der Verfassungsentwicklung in den Ländern sozialistischer Orientierung, in: Neue Verfassungen und Verfassungsreformen, Moskau 1968, S. 6 (russ.)

5 Zu den verschiedenen Erscheinungsformen dieser „Krise des Konstitutionalismus" vgl. Brehme, G., Zum Verfassungsproblem in der nationalen Befreiungsbewegung, Wissenschaftliche Zeitschrift der Karl-Marx-Universität Leipzig, Gesellschafts- und sprachwissenschaftliche Reihe, 1969, H. 1, S. 83

6 Vgl. Mirski, G. I., Armee und Politik in den Ländern Asiens und Afrikas, Moskau 1970 (russ.); ders., Die „Dritte Welt", Gesellschaft, Macht, Armee, Moskau 1973 (russ.).

7 Vgl. Sosna, L. A., Die Verfassungsreformen von 1974 in Zaire, in: Neue Verfassungen ..., a. a. O., S. 180.

8 Vgl. Čirkin, V. J., Die neue Verfassung Madagaskars – eine Verfassung sozialistischer Orientierung, in: Ebenda, S. 133.

9 Vgl. Judin, Ju. A., Die Verfassung der Algerischen Demokratischen Volksrepublik von 1976, in: Ebenda, S. 102; Baumann, H., Grundzüge der algerischen Verfassung vom 19. November 1976, Staat und Recht, 7/1977, S. 730.

10 Vgl. Brehme, G., „New Trends in African Constitutionalism. The Case of Mozambique and Angola", in: African Studies, Berlin 1978, S. 75; Mardek, H., Die Verfassung der VR Moçambique – ein programmatisches antiimperialistisches Rechtsdokument, Staat und Recht, 11/12/1975, S. 1552.

11 Vgl. Brehme, G., Verfassungsrechtliche Entwicklungstendenzen der Vereinigten Republik Tansania (Zur neuen Verfassung Tansanias vom April 1977), in: Asien, Afrika, Lateinamerika. 6/1978, S. 1132.

12 Vgl. Baumann, H., Die politischen Systeme in den afroasiatischen Ländern, a. a. O., 1/1980, S. 93.

13 The Zimbabwe Constitution Order, Statutory Instruments, 1979, No. 1600.

14 Erklärung der Beratung von Vertretern der kommunistischen und Arbeiterparteien, November 1960, Berlin o. J., S. 42.

15 Vgl. Asien Afrika, Lateinamerika. Grundfragen des antiimperialistischen Kampfes der Gegenwart, Teil 1, Berlin 1974, S. 300.

16 Vgl. Brehme, G., Mardek, H., Neokolonialistische Konzeptionen zur Staatsfrage in der nationalen Befreiungsrevolution, Staat und Recht, 12/1967, S. 1893.

17 Vgl. Brehme, G., Baumann, H., Hutschenreuther, K., Mardek, H., Schönfelder, I., Der nationaldemokratische Staat in Asien und Afrika, Berlin 1976, S. 104.

18 Vgl. dazu Asien, Afrika, Lateinamerika. Grundfragen ..., a. a. O., S. 198 ff.; Entin, L. M., Die politischen Systeme der Entwicklungsländer, Moskau 1978 (russ.).

19 Aus der reichhaltigen Literatur zu dieser Staatengruppe vgl. z. B.: Der Staat sozialistischer Orientierung, Moskau 1975 (russ.); Das Recht in den Ländern sozialistischer Orientierung, Moskau 1979, S. 113 ff. (russ.); Jewgenjew, W. Je., a. a. O.; Tschirkin, W. Je., „Die gegenwärtigen Tendenzen der Entwicklung der Staatsmacht in Ländern mit sozialistischer Orientierung", Asien, Afrika, Lateinamerika, 4/1978, S. 598.

20 Diese Differenzierung hat auch in zunehmendem Maße die Darstellung des Verfassungsrechts der jungen Staaten in der marxistisch-leninistischen Literatur bestimmt. Vgl. z. B. Staatsrecht der bürgerlichen und der von kolonialer Abhängigkeit befreiten Länder, Moskau 1977 (russ.).

21 Vgl. Mardek, H., Die rechtlichen Formen der Einflußnahme traditioneller Kräfte und ihrer Organe auf den Herrschaftsmechanismus afrikanischer, insbesondere anglophoner, Staaten, in: Tradition und nichtkapitalistischer Entwicklungsweg in Afrika, Berlin 1971, S. 31.

22 Vgl. Tschirkin, W. Je., Formen des Staates, der zum sozialistischen Typ übergeht, Moskau 1966 (russ.).

23 Vgl. z. B., Das Recht in den Ländern sozialistischer Orientierung, a. a. O., S. 114.

Klaus Hutschenreuter*

Die Herausbildung und Entwicklung junger Nationalstaaten und Tendenzen ihrer Verfassungsentwicklung

Aus vielen Gründen, vor allem deshalb, weil sie die historische Zukunft für sich haben, bilden die Staaten mit sozialistischer Orientierung in Asien und Afrika den Schwerpunkt unserer wissenschaftlichen Behandlung und Analyse. Andererseits können wir nicht die Augen davor schließen, daß die Länder kapitalistischer Entwicklung heute noch – und aller Voraussicht nach auf geraume Zeit hin – nicht nur die überwiegende Mehrheit aller Länder Asiens und Afrikas umfassen, sondern in ihren Reihen auch die bevölkerungsreichsten, ökonomisch stärksten und potentesten Staaten dieser Regionen zu finden sind.

Es gibt heute 50 unabhängige afrikanische Staaten und etwa 40 nichtsozialistische Staaten in Asien. Von diesen befinden sich zwölf afrikanische und fünf asiatische Staaten (außer Kampuchea und Laos) auf dem Wege der sozialistischen Entwicklung, wobei einige Länder eingeschlossen sind, die erst in der Anfangsphase dieses Entwicklungsweges stehen bzw. in denen sich in der Vergangenheit abweichende Tendenzen bemerkbar machten. Unter den übrigen Ländern, d. h. jenen mit kapitalistischer Entwicklung, existieren die jeweils mit Abstand bevölkerungsstärksten dieser Entwicklungsländerregionen: Indien mit ca. 700 Millionen und Nigeria mit ca. 80 Millionen Einwohnern. Das bedeutet, z. B., daß in Nigeria, dieser ökonomisch bedeutenden Föderation in Westafrika, etwa 25 Prozent der Gesamtbevölkerung des subsaharischen Afrika leben.

Allein dieser quantitative Umstand bedarf der Beachtung. Es ist aber auch zu berücksichtigen, daß bei aller politischen Labilität in den afro-asiatischen Ländern kapitalistischer Entwicklung eine relative Dynamik der Formierungsprozesse einer Bourgeoisie und derzeit noch eine relative Stabilität der in prokapitalistische Richtung weisenden sozialökonomischen Grundprozesse zu verzeichnen ist.

Mit anderen Worten: Die grundsätzliche historische Perspektivlosigkeit des Kapitalismus als Gesellschaftssystem ist nicht gleichzusetzen mit der historischen Unmöglichkeit, daß für eine geraume Zeit sich in asiatischen und afrikanischen Ländern kapitalistische Gesellschaftsverhältnisse entwickeln und festigen können. Es sind dies jedoch kapitalistische Verhältnisse, die von der historischen Gesamtsituation geprägt sind, einen Kapitalismus abhängigen und peripheren Typus darstellen. Für die Völker dieser Staaten bedeutet dies eben nicht nur zunehmende Ausbeutung und Unterordnung unter kapitalistische Gesellschaftsverhältnisse, sondern auch das Fortbestehen der nationalen Abhängigkeit, doppelte Ausbeutung durch die einheimische im Wachsen oder Entstehen begriffene Bourgeoisie sowie durch die imperialistischen Mächte und die internationalen Monopole. Damit ist zugleich die Weiterexistenz oder Vertiefung außerordentlicher struktureller Disproportionen in der Gesellschaft dieser Länder verbunden.

Von dieser Grundtatsache werden zwangsläufig alle wesentlichen Aspekte des gesellschaftlichen Lebens bestimmt. Auch die Staats- und Verfassungsentwicklung sowie die Entwicklung des politischen Systems dieser Staaten werden davon ausgeprägt und be-

* Unter Mitarbeit von Jürgen Kunze

einflußt. Dabei zeigt sich in den letzten Jahren auch im Bereich der Länder kapitalistischer Entwicklung die Tendenz, stärker auf die nationalen Interessen orientierte, eigenständige Elemente in die Gestaltung der nationalen Rechtssysteme und in die Entwicklung der Staatlichkeit insgesamt einzubringen. Aber gerade im Hinblick auf die bedeutende Rolle des Staats- und Verfassungsrechts erweist sich diese Tendenz als sehr widersprüchlich und keineswegs einheitlich verlaufend. Sie verwirklicht sich vor allem dort, wo in den letzten Jahren neue Verfassungen ausgearbeitet und in Kraft gesetzt wurden – also beispielsweise in Ghana und Nigeria –, wo erhebliche Veränderungen im Verfassungsrecht vorgenommen wurden (das sich nicht zuletzt auch in den damit verbundenen Diskussionen) wie z. B. in Indien, Sri Lanka, Senegal, Kamerun usw. und in einer ganzen Reihe anderer Länder und schließlich auch im „de facto Bereich", so unter anderem als Folge von Staatsstreichen, Kursveränderungen und auch von Volksrevolutionen, die unter bürgerlicher und kleinbürgerlicher Führung stehen. Dabei wird deutlich, daß es sich hierbei primär um ein bürgerliches, probürgerliches oder kleinbürgerliches Verständnis von nationaler Eigenständigkeit, nationalem Charakter etc. handelt, daß aber auch unter Umständen die entsprechenden Veränderungen nicht unerheblich von den Bestrebungen der Volksmassen beeinflußt sein können.

Am klarsten zeigen sich solche progressiven Elemente natürlich dort, wo Verfassungen neu ausgearbeitet und in die gesellschaftliche Praxis eingeführt wurden, wie in der Föderativen Republik Nigeria. So hat Nigeria nach dreizehnjähriger Militärherrschaft seit dem 1. 10. 1979 wieder ein verfassungsgegründetes Zivilregime. Die Verfassung wurde von einem Komitee, das bereits 1975 von den herrschenden Militärs ernannt worden war, erarbeitet und 1977/78 von einer indirekt gewählten verfassungsgebenden Versammlung erörtert, abschnittsweise bestätigt und von der Militärregierung beschlossen sowie schrittweise in Kraft gesetzt. Der Inhalt und die Art des Zustandekommens dieser Verfassung sichern, daß sie den Willen großer Teile der ökonomisch herrschenden Klassenkräfte zum Ausdruck bringt. Nach der Verfassung ist Nigeria eine 19 Staaten sowie das Territorium der Bundeshauptstadt umfassende föderative Republik mit einem Präsidialregime, das in einigen Grundzügen sich am Beispiel der Verfassung der USA orientiert. Die Verfassung weist zugleich eine Reihe beachtlicher Eigenheiten auf, insbesondere was die Regelung des Beziehungsfeldes zwischen den ethnisch-nationalen Faktoren und politisch-staatlichen Faktoren, die Reglementierung der Tätigkeit politischer Parteien und die Widerspiegelung sozialökonomischer Verhältnisse anbelangt. Deutlich werden damit verbundene Absichten etwa in dem Bestreben, den „gesamtnationalen Charakter" des Staates und der politischen Repräsentation verfassungsrechtlich hervorzuheben, Antikorruptionsbestimmungen zu verankern und in anderen Momenten.

Etwas verallgemeinert treten in der neuen Verfassung Nigerias vor allem folgende Gesichtspunkte hervor:

1. Das staats- und verfassungsrechtliche Muster der ehemaligen Metropole (in diesem Falle Großbritannien) ist erheblich modifiziert worden. Das trifft hauptsächlich auf den Bereich der konkreten Ausgestaltung des Systems der obersten Staatsorgane zu. In anderen Bezügen, so im Verständnis des Wesens, der Arbeitsweise und Funktion der einzelnen Institutionen, ist die Verfassung dem Vorbild der ehemaligen Kolonialmetropole noch stark verhaftet. Dieses letztgenannte Moment ist nicht zuletzt Ausdruck des außerordentlich starken Fortwirkens (in diesem Falle) der angelsächsischen bürgerlichen Rechtsideologie und der britischen Traditionen des politischen Denkens und der politischen Kultur.

2. In dem Bestreben, ein den Interessen der bürgerlichen und probürgerlichen Klassenkräfte entsprechendes System zu entwickeln, hat man versucht, anderen Verfassun-

gen kapitalistischer Staaten bestimmte Regelungsmuster zu entnehmen. Dabei übt das Modell des US-amerikanischen Präsidialregimes eine große Anziehungskraft aus und wurde im Falle Nigerias (zum Teil auch in Ghana und Indien) eigenen Regelungen zugrunde gelegt. Es erfüllt nach Meinung der herrschenden Klassenkräfte zwei Funktionen, die im Prozeß der Formierung einer noch ökonomisch, sozial, ethnisch, politisch und religiös sehr heterogenen bürgerlichen Klasse nützlich sind, und zwar eine relative legalistische Machtkonzentration in den Händen des Staats- und Regierungschefs und die Inganghaltung eines formellen Wirkungsmechanismus von sich ausgleichenden Beziehungen innerhalb des Systems der obersten Staatsorgane und im Parteienrahmen. Damit sollen negative Aspekte einer Überkonzentration der Macht und die Usurpierung der Macht durch Fraktionen der herrschenden Koalition ausgeschlossen werden.

3. Ergänzt wird dieses Grundschema durch eine Reihe von besonderen Regelungen, die die afrikanische Spezifik berücksichtigen sollen. Hierbei versuchte man auch, die Erfahrungen anderer Entwicklungsländer (z. B. Indiens) zu beachten. Im Falle Nigerias ist das ein Komplex von Verfassungsnormen, der sichern soll, daß Präsident, Vizepräsident, Regierung, Senat, Abgeordnetenhaus, Administration, einzelne Körperschaften und staatliche Institutionen den multiethnischen, beginnend vielnationalen Charakter der Gesellschaft widerspiegeln, d. h. in der Besetzung, Zusammensetzung, Wirkungsweise usw. dieser Institutionen diesem Charakter Rechnung trägt. Ferner gelten auch hier Normen, die die Parteientätigkeit und -zulassung strikt regeln und eine echte Opposition der Volkskräfte erschweren. Hierzu zählt unter anderem das Verbot der Parteienfinanzierung durch die Gewerkschaften. Ferner gehören zu diesen Regelungen Normen, die ausdrücklich Erscheinungen von Korruptionen und Amtsmißbrauch eindämmen bzw. verhindern sollen.

4. Schließlich äußert sich eine Tendenz, durch eine national- bzw. sozialreformistisch motivierte, zum Teil offen demagogische Züge annehmende Fixierung von Grundprinzipien der Regierungspolitik und von Zielen des Staates in der Verfassung, einen ideologischen und politischen Rahmen abzustecken, innerhalb dessen die herrschenden Klassenkräfte auch eine partielle Mobilisierung der Massen anstreben und als „entwicklungskonform" ansehen. Das schließt auch die verfassungsmäßige Definition des sozialen und politischen Systems in prokapitalistischer Richtung ein. In Nigeria geschieht das durch den verschwommenen Begriff „mixed economy", der nach der Ablehnung „sozialistischer" Ziele gewählt wurde. Er beinhaltet die staatliche Kontrolle der nationalen Wirtschaft im Interesse von Wohlstand, Freiheit und Glück jedes Bürgers sowie die staatliche Verpflichtung, die Hauptsektoren der Wirtschaft zu verwalten und zu leiten und das Recht jedes Bürgers, außerhalb dieser Sektoren beliebig ökonomisch tätig zu werden. Diese ideologisch-politische Prinzipiennormierung ist auch als Widerspiegelung des internationalen Kräfteverhältnisses zu werten. Sie reflektiert sowohl die internationale Ausstrahlung der sozialistischen Verfassungsrechtspraxis und -theorie der Länder der sozialistischen Staatengemeinschaft als auch die zunehmende Stärke progressiver Klassenkräfte in den jungen Staaten selbst.

Die angeführten neueren Tendenzen der staats- und verfassungsrechtlichen Entwicklung zeigen sich in verschiedenen Formen und mit unterschiedlicher Intensität in einer Reihe von Staaten kapitalistischer Entwicklung. Da sie sich bisher nur in bestimmten Fällen politisch-staatlicher Entwicklung manifestieren, ist es jedoch schwierig, allzu weitreichende Verallgemeinerungen zu treffen. Generell ist zu erwarten, daß infolge internationaler Klassenauseinandersetzungen zwischen dem realen Sozialismus und dem Kapitalismus sowie der Beschleunigung innerer politischer, sozialer und ökonomischer Prozesse der Entwicklungsländer der Klassenkampf und die innere soziale Widersprüchlichkeit und Polarisierung dieser Staaten mit kapitalistischer Entwicklung weiter zunehmen werden. Damit ist auch im Bereich der Gestaltung des politischen Systems, der Staatsmacht und des Staats- und Verfassungsrechts zu erwarten, daß sich ein noch breiteres und sehr widersprüchliches Spektrum von Erscheinungen, Formen, Institutionen, Prinzipien und Normen abzeichnen wird, die einander ablösen oder ineinander übergehen können.

Das schließt ein, daß da, wo die prokapitalistische Entwicklung relativ fortgeschritten ist und sich die Herrschaft bürgerlicher Klassenkräfte länger oder kürzerfristig stabilisiert, in stärkerem Maße Elemente der klassischen bürgerlichen Staatlichkeit und Demokratie behaupten oder durchsetzen können. Voraussichtlich werden auch in diesem Prozeß zahlreiche Spezifika auftreten, die durch neue historische Situationen und die konkreten nationalen Bedingungen und Traditionen geprägt sind.

In diesem Zusammenhang stellt sich die Frage nach der Klassifizierung und der theoretischen Einordnung der hier behandelten Ländergruppe im Hinblick auf die Entwicklung des Kapitalismus in der heutigen Welt überhaupt. Die damit verbundene Problematik zeigt sich auch in dem 1979 neu aufgelegten sowjetischen Hochschullehrbuch „Staatsrecht der bürgerlichen Länder und der von kolonialer Abhängigkeit befreiten Länder". In diesem Buch wird eine Gruppierung der nichtsozialistischen Staaten in vier Kategorien vorgenommen:

- die hochentwickelten kapitalistischen Staaten;
- Länder mit mittlerem Entwicklungsniveau des Kapitalismus (darunter Indien, Pakistan, Sri Lanka, Tunesien);
- Länder mit niedrigem Entwicklungsniveau des Kapitalismus und solche, in denen vorkapitalistische Formen vorherrschen (die Staaten Afrikas, Ozeanien und zahlreiche asiatische Länder);
- Staaten mit sozialistischer Entwicklung.

Die Autoren des genannten Werkes verweisen selbst darauf, daß die jeweiligen Gruppen unter sich stark gegliedert sind, wobei man bei weitergehender Betrachtung auch die Frage aufwerfen kann, ob diese Einteilung für den Zweck der staats- und verfassungsrechtlichen Analyse und Beschreibung richtig und ausreichend ist. Die vorgenommene Gruppierung setzt als Maßstab das sozial-ökonomische Entwicklungsniveau des Kapitalismus in den ersten drei Kategorien. Nimmt man jedoch die konkrete Ausprägung des Klassencharakters der politischen Macht (der zweifellos mit dem kapitalistischen Entwicklungsniveau in Wechselbeziehung steht, mit diesem jedoch nicht identisch ist) als Ausgangskriterium, so ist allein die Gruppe der sich kapitalistisch entwickelnden Staaten in Asien und Afrika schon recht vielgestaltig.

Diese Vielgestaltigkeit ergibt sich aus der Tatsache, daß es sich auf jenen Kontinenten um einen sich herausbildenden Kapitalismus handelt, die Klasse der Bourgeoisie sich in unterschiedlichen Formierungsstadien und deshalb in sehr vielen Fällen nicht im Alleinbesitz der politischen Macht befindet. So finden wir noch nicht den ausgereiften bürgerlichen Staatstyp vor, sondern Übergangsformen zu diesem bürgerlichen Staatstyp, verschiedene Stadien seiner Entwicklung und Herausbildung, die von den Besonderheiten und Modifikationen des in den einzelnen Staaten sich entwickelnden kapitalistischen Gesellschaftssystem geprägt wird. Dieser Übergang bedeutet keinen Bruch, sondern quantitative und qualitative Anreicherung von Merkmalen und Elementen, die oft schon in der kolonialen Zeit angelegt waren und schließt eine relative historische Progressivität nicht aus.

Die afroasiatischen Staaten kapitalistischer Entwicklung lassen sich entsprechend ihrem Klassencharakter folgendermaßen einteilen:

Staaten, in denen die sich formierende Bourgeoisie die politische Macht mit feudalen oder semifeudalen Klassenkräften oder einer dynastischen Oberschicht teilt, wobei die Hegemonie unterschiedlich ausgebildet ist. Sie reicht von der Führungsrolle der in einem Umbildungsprozeß befindlichen feudalen Oberschicht bis hin zum Übergang der Hegemonie an die bürokratische oder neo-kompradorische Bourgeoisie. So ist es heute schon nicht mehr gerechtfertigt, etwa Saudiarabien, die Golfemirate oder Oman schlechthin als feudale Staatsmacht zu bezeichnen. Die sozialökonomische Grundlage der Herrschenden hat sich hier wesentlich gewandelt, dominant ist heute eine Art neokompradorischer Staatskapitalismus, während das politische Kräfteverhältnis zugleich davon bestimmt wird, daß sich die dynastische Oberschicht auch auf traditionelle Sozialverhältnisse stützt.

Staaten, in denen sich die Bourgeoisie als Klasse konstituiert hat und die politische Herrschaft nahezu allein ausübt. In solchen Ländern haben sich traditionelle vorkapitalistische Ausbeuterklassen und -schichten bereits weitgehend in kapitalistische transformiert und die in sich bereits differenzierte Klasse der Bourgeoisie hat sich konstituiert. Das schließt ein, daß eine Machtbeteiligung von Vertretern der Zwischenschichten, denen damit der Weg der sozialen Umwandlung in einen Teil der Bourgeoisie (vorwiegend vermittels des Staates) offensteht, möglich ist und teilweise angestrebt wird. Der konkrete soziale Inhalt der Macht bestimmt sich weitgehend danach, welche der verschiedenen Fraktionen, politischen oder sozialen Gruppierungen der Bourgeoisie den Haupteinfluß auf sie ausübt. Die innere Differenziertheit der Bourgeoisie ist die Grundlage für eine Unterschiedlichkeit der insgesamt bürgerlichen sozialen Natur der Macht und für Unterschiede des politischen Kurses. Das zeigt sich z. B. in den Veränderungen der letzten Jahre in Indien oder Pakistan.

Staaten, in denen die Bourgeoisie sich in unterschiedlichen, jedoch relativ frühen, Stadien des Konstituierungsprozesses befindet und in denen sie Vertreter anderer sozialer Gruppierungen, vorwiegend der Zwischenschichten, an der Macht beteiligt. Es handelt sich dabei um Staaten mit einem niedrigen Entwicklungsniveau der Produktivkräfte, in denen vorfeudale Sozialstrukturen noch eine erhebliche Bedeutung sowie die Grundklassen der kapitalistischen Gesellschaft sich noch nicht herausgebildet haben. Die relative Schwäche der sich formierenden Bourgeoisie, die Dynamik ihres inneren Formierungsprozesses führen zur Machtbeteiligung von verschiedenen sozialen Gruppierungen der kleinbürgerlichen Zwischenschichten sowie von Vertretern der traditionellen patriarchalischen oder semifeudalen Oberschichten. Nachdem die meisten dieser Staaten eine Periode von 15 bis 20 Jahren der politischen Unabhängigkeit hinter sich haben, wird deutlich, daß der Kern der sozialen Träger der Staatsmacht in solchen Staaten die bürokratische Bourgeoisie darstellt. Sie ist zugleich der Kern des Formierungs- und Konstituierungsprozesses der Bourgeoisie als Klasse. So dominiert z. B. in den meisten Staaten des subsaharischen Afrika gegenwärtig die bürokratische Variante der Herausbildung der Bourgeoisie gegenüber anderen Varianten, ja diese Variante ist der charakteristische Weg der Klassenformierung bürgerlicher Elemente in den jungen Nationalstaaten dieser Region. Das kann nur vermittels der Staatsmacht geschehen. Relative Schwächen der bürokratischen Bourgeoisie, Widersprüche zu anderen bourgeoisen Gruppierungen und anderen sozialen Klassen und Schichten sowie die innere Dynamik der Prozesse bringen mit sich, daß die bürokratische Bourgeoisie laufend aus anderen sozialen Schichten, vor allem aus der (zivilen und militärischen) Intelligenz sowie der kleinen und mittleren Beamtenschaft Zuwachs erhält. Das erfolgt entweder in „normaler“ Form oder durch Auswechseln oder Erneuerung von ganzen Führungsgruppen wie etwa durch Staatsstreiche oder interne „Palastrevolutionen“. Die relative Selbständigkeit der die unmittelbare Staatsgewalt unter derartigen Bedingungen Handhabenden gegenüber anderen sozialen Klassenkräften und der daraus resultierende große subjektive Entscheidungsspielraum der Führungskräfte sind eine längerdauernde gesellschaftliche Erscheinung in dieser Staatengruppe. Einige sowjetische Wissenschaftler bezeichnen diese sich herausbildende Bourgeoisie, bzw. die an der politischen Macht befindliche bürokratische Fraktion, als pro- oder präbourgeoise Gruppe oder auch als bürokratische Autokratie, deren Wesen in ihrer Konstituierung als bürgerliche Klasse vermittels der Staatsmacht besteht.

Auch hier ist zu konstatieren, daß diese drei Gruppen in sich abgestuft sind und zwischen ihnen fließende Übergänge bestehen. Hinzu kommt, daß das Bild weiterhin modifiziert erscheint, wenn man den Grad der Abhängigkeit vom Imperialismus bzw. die neokolonialistische Hörigkeit der politisch herrschenden Kräfte als Unterscheidungsmerkmale in Rechnung stellt. Diese wiederum leiten sich nicht automatisch aus den obengenannten Differenzierungsbedingungen her. Zwar zeichnet sich die erstgenannte Gruppe nahezu ausschließlich durch eine enge Kollaboration mit imperialistischen Staaten und eine intensive neokolonialistische Verflechtung auf ökonomischem, politischem, militärischem Gebiet aus. Ein Vergleich zwischen den Staaten der beiden anderen Gruppen (Indien-Pakistan, Nigeria-Elfenbeinküste) zeigt jedoch, daß diesbezüglich bemerkenswerte Unterschiede bestehen. Die hier skizzierten Differenzierungen im sozialen und politischen Bereich und die daraus entstehenden spezifischen Bedingungen – insbesondere die sozialen Determinanten – der gesellschaftlichen Entwicklung finden zweifellos ihren Niederschlag in den Tendenzen des Staats- und Verfassungsrechts und der Rechtspraxis der jeweiligen Staaten.

Herbert Kröger

Die Herausbildung und Entwicklung junger Nationalstaaten und die Durchsetzung des demokratischen Völkerrechts

Zu der vorliegenden Thematik der jungen Nationalstaaten sind interessante Ausführungen über ihre verfassungsrechtlichen Entwicklungen gemacht worden. Die ständig wachsende Bedeutung und Rolle dieser Staaten in den internationalen Beziehungen hat aber auch bemerkenswerte Wechselwirkungen zwischen ihrer Existenz und internationalen Tätigkeit einerseits und der weiteren Ausgestaltung und effektiveren Durchsetzung des allgemein verbindlichen Völkerrechts unserer Zeit andererseits zur Folge gehabt. Denn einmal gingen und gehen von dem Auftreten und der zunehmenden politischen Aktivität dieser Nationalstaaten in der internationalen Arena – ihre Zahl wuchs bis heute auf über 100 an und sie stellen damit etwa zwei Drittel der UN-Mitgliedstaaten dar – sowie von ihrem Zusammenwirken mit den sozialistischen Ländern bedeutende Einflüsse auf den Ausbau des allgemeinen demokratischen Völkerrechts der Gegenwart aus. Das bezieht sich in erster Linie auf seinen friedenssichernden, antiimperialistischen und demokratischen Gehalt, die Ausgestaltung seines antikolonialistischen und antirassistischen Normensystems sowie auf die Schaffung erster rechtlicher Voraussetzungen für eine Umgestaltung der internationalen Wirtschaftsbeziehungen auf demokratischer Grundlage. Zum anderen bildeten gerade die so herbeigeführten qualitativen Wandlungen im Gefüge des geltenden Völkerrechts wichtige und praktisch wirksame Rechtsgrundlagen für den Kampf der noch kolonial oder rassistisch unterdrückten Völker um ihre Befreiung und ihre politische und ökonomische Unabhängigkeit. Diese doppelte Funktion bestimmter grundlegender Prinzipien des geltenden Völkerrechts, sowohl als Produkt wie auch als rechtliches Instrument des nationalen Befreiungskampfes, tritt mit besonderer Deutlichkeit beim Selbstbestimmungsrecht der Völker hervor, dessen allgemeine Anerkennung und heutige Ausgestaltung zweifellos auch das bedeutsamste juristische Ergebnis und den wirksamsten rechtlichen Hebel der kolonialen Befreiungsbewegung darstellt. Es ist daher nicht verwunderlich, daß sich an dem komplizierten und schwierigen Prozeß der Durchsetzung des Selbstbestimmungsrechts der Völker als eines heute zu den zwingenden Grundprinzipien des Völkerrechts gehörenden Rechtsgrundsatzes besonders augenfällig zeigt, in welchen harten praktisch-politischen und ideologischen Auseinandersetzungen derartige antiimperialistische Völkerrechtsnormen den Kräften der Reaktion abgerungen werden mußten. Auch in der Gegenwart ist es noch dringend notwendig, einen konsequenten Kampf gerade für die Achtung und die volle Verwirklichung des Selbstbestimmungsrechts gegen alle Erscheinungsformen seiner Aushöhlung und Entstellung zu führen.

Von dieser Notwendigkeit zeugt mit aller Eindringlichkeit die Tatsache, daß im November 1978 in der Moskauer Deklaration der Warschauer Vertragsstaaten[1] mit Nachdruck darauf hingewiesen werden mußte, daß Mißachtungen und offene Verletzungen des Selbstbestimmungsrechts der Völker nach wie vor einen wichtigen Platz im Instrumentarium imperialistischen Macht- und Expansionsstrebens einnehmen. Diese Einschätzung ist seither durch zahlreiche Aktionen imperialistischer und anderer reaktionärer Kräfte, die sich direkt gegen das Selbstbestimmungsrecht der Völker richten, in vollem Umfang bestätigt worden. Es sei hier nur erinnert an die fortdauernde Negierung des Selbstbestimmungsrechts des palästinensischen Volkes besonders durch die USA und Israel, an den hartnäckigen Widerstand imperialistischer Regierungen gegen eine effektive Verwirklichung der Selbstbestimmung der Völker im Süden Afrikas, an ihre Versuche, die antiimperialistische Entwicklung im Iran und die revolutionären Umgestaltungen in Afghanistan zu diffamieren und durch die verschiedensten Formen interventionistischer Aktivitäten zu verhindern, an die vielfältigen subversiven Aktionen der USA gegen progressive Prozesse in Lateinamerika und an die offene Unterstützung der Pol-Pot-Diktatur in Kampuchea durch die Pekinger Machthaber.

Eine entschiedene Verteidigung des Selbstbestimmungsrechts der Völker ist heute aber auch deshalb dringend geboten, weil in der bürgerlichen Völkerrechtsdoktrin die Versuche nicht abreißen, das Selbstbestimmungsrecht mit den verschiedensten Methoden in seiner Bedeutung abzuschwächen, inhaltlich zu entstellen oder in seiner politischen Stoßrichtung umzufunktionieren.

Bekanntlich anerkannte schon die Charta der Vereinten Nationen – vor allem dank der Rolle der Sowjetunion bei ihrer Ausarbeitung – ausdrücklich das Selbstbestimmungsrecht der Völker, indem sie in ihrem Art. 2 Ziff. 2 die zu einem der grundlegenden Ziele der Vereinten Nationen erklärte Entwicklung freundschaftlicher Beziehungen zwischen den Nationen an die ausdrückliche Voraussetzung bindet, daß diese Beziehungen auf der Achtung des Grundsatzes der Gleichberechtigung und der Selbstbestimmung der Völker beruhen. Und eben weil die UN-Charta in der Selbstbestimmung der Völker ein wesentliches Instrument zur Verwirklichung der Gesamtheit der Ziele und Grundsätze der Vereinten Nationen sieht, wie sie in der Präambel und dem Artikel 1 Ziff. 2 der Charta formuliert sind, verknüpft sie in ihren Artikeln 1 Ziff. 2 und 55 die Gewährleistung der Selbstbestimmung der Völker unmittelbar mit ihren Hauptzielsetzungen der Friedenssicherung, der Herstellung einer friedlichen, gleichberechtigten internationalen Zusammenarbeit und der Förderung des wirtschaftlichen und sozialen Fortschritts sowie der Achtung der Menschenrechte.

Diese völkerrechtliche Normierung des Selbstbestimmungsrechts der Völker in der UN-Charta fand dann ihre präzisierende Interpretation in der auf Initiative der sozialistischen Staaten und unter ihrer aktiven Mitwirkung erarbeiteten Deklaration über die Prinzipien des Völkerrechts betreffend die freundschaftlichen Beziehungen und die Zusammenarbeit zwischen den Staaten in Übereinstimmung mit der Charta der Vereinten Nationen (Prinzipiendeklaration)[2], die von der XXV. UN-Vollversammlung am 24. Oktober 1970 einmütig angenommen wurde und so die gemeinsame Rechtsüberzeugung aller UN-Mitgliedstaaten zum Ausdruck brachte. In dieser Deklaration wird einmal eindeutig festgestellt, daß das in der Charta verankerte Prinzip der Gleichberechtigung und des Selbstbestimmungsrechts der Völker einen bedeutsamen Beitrag zum modernen Völkerrecht darstellt und eines der Grundprinzipien des Völkerrechts ist. Zum zweiten definiert die Deklaration das Selbstbestimmungsrecht als das Recht aller Völker, völlig frei und ohne Einmischung von außen über ihren politischen Status zu entscheiden und ihre wirtschaftliche, soziale und kulturelle Entwicklung zu gestalten. Sie verpflichtet zugleich jeden Staat, dieses Recht in Übereinstimmung mit den Bestimmungen der Charta zu achten. Drittens unterstreicht die Deklaration sowohl generell hinsichtlich aller in ihr behandelter Prinzipien als auch speziell hinsichtlich des Selbstbestimmungsrechts ausdrücklich deren Geltung in Übereinstimmung mit der Charta der Vereinten Nationen, d. h. in Übereinstimmung mit der Gesamtheit der Bestimmungen der UN-Charta, insbesondere mit ihren Festlegungen über die Ziele und Grundsätze der Vereinten Nationen (Art. 1 und 2). Dem entspricht es, daß die Prinzipiendeklaration besonders hervorhebt, daß alle in ihr genannten Prinzipien, also auch das Selbstbestimmungsrecht, in ihrer Auslegung und Anwendung miteinander verknüpft sind und jedes Prinzip im Zusammenhang mit den anderen Prinzipien zu interpretieren ist. Gerade hiermit wurde vollends klargestellt, daß die politische und soziale Funktion des Selbstbestimmungsrechts der Völker durch die Gesamtheit der Charta-Prinzipien bestimmt ist, daß es in diesem Sinne als Grundprinzip des geltenden Völkerrechts anerkannt und gewährleistet ist. Mit anderen Worten: Das geltende Völkerrecht garantiert und schützt die Ausübung des Selbstbestimmungsrechts als eines der wichtigsten Mittel zur Verwirklichung der Ziele und Grundsätze der Vereinten Nationen. Es läßt daher nicht zu, unter heuchlerischer Berufung auf dieses Prinzip eine Aggressionspolitik zu betreiben, Völker ökonomisch auszubeuten oder sozial zu entrechten, faschistische oder rassistische Regime, die massenhaft und systematisch Menschenrechtsverletzungen begehen, zu errichten bzw. aufrechtzuerhalten oder in irgendeiner anderen Weise die Ziele und Grundsätze der UN-Charta zu verletzen.

Die Prinzipiendeklaration bestätigte so mit ihren Feststellungen die von Völkerrechtlern der sozialistischen Länder bereits aufgrund der UN-Charta vorgenommene inhaltliche Charakterisierung des Selbstbestimmungsrechts der Völker als allgemein demokratisches Prinzip, das sich gegen „die imperialistische Politik der Versklavung fremder Völker und der Intervention" richtet, als dasjenige Prinzip des allgemein verbindlichen Völkerrechts unserer Zeit, „in dem das Recht der Völker auf interventionsfreie Erneuerung ihrer Existenzformen am umfassendsten formuliert ist." Es ist ein seinem objektiven Wesen nach sozial progressives Prinzip, welches das Recht der Völker zum Ausdruck bringt, die historischen Gesetzmäßigkeiten unserer Epoche zu verwirklichen.[3]

Die besondere Bedeutung des Selbstbestimmungsrechts als eines der Grundprinzipien des geltenden Völkerrechts, fand dadurch eine weitere Unterstreichung, daß in den Artikeln 1 sowohl der Konvention über zivile und politische Rechte als auch der Konvention über wirtschaftliche, soziale und kulturelle Rechte (beide vom 16. Dezember 1966) das Selbstbestimmungsrecht der Völker an die Spitze aller in diesen Konventionen formulierten Menschenrechte gestellt wird. Es wurde so bis jetzt von etwa 60 Staaten (Stand vom 1. 8. 1979) vertragsrechtlich als Grundlage und Voraussetzung aller individuellen Menschenrechte anerkannt. Dabei wurde zugleich seine inhaltliche Präzisierung fortgeführt, indem das Recht der Völker, über ihre Naturreichtümer und Hilfsmittel frei zu verfügen, ausdrücklich zu einem seiner Elemente erklärt wurde.

Dem außerordentlichen Gewicht, das dem Selbstbestimmungsrecht der Völker für die heutige internationale Rechtsordnung zukommt, trägt auch die Schlußakte von Helsinki Rechnung, in der ihre Unterzeichnerstaaten ihre Entschlossenheit erklären, dieses Recht als eines der Prinzipien, die von grundlegender Bedeutung sind und ihre gegenseitigen Beziehungen leiten, zu achten und in die Praxis umzusetzen.

Von der weltweiten Anerkennung des Selbstbestimmungsrechts der Völker als eines fundamentalen, allgemein verbindlichen Rechtsprinzips des Völkerrechts der Gegenwart zeugt schließlich die ständige Praxis der Organisation der Vereinten Nationen. Seit der Bekannten, von der XV. UN-Vollversammlung ohne Gegenstimme angenommenen „Deklaration über die Gewährung der Unabhängigkeit an die kolonialen Länder und Völker" vom 14. Dezember 1960[4], hat die UNO in einer schon kaum noch übersehbaren Fülle sowohl von grundsätzlichen Resolutionen (z. B. der Deklaration anläßlich des 25. Jahrestages der Vereinten Nationen vom 24. Oktober 1970[5], der Deklaration über die Festigung der internationalen Sicherheit vom 16. Dezember 1970[6] und den alljährlichen Resolutionen über deren Verwirklichung sowie der Deklaration über die Vertiefung und

Festigung der internationalen Entspannung vom 19. Dezember 1977[7], als auch von speziellen Entschließungen zu den Befreiungskämpfen unterdrückter Völker[8], die sämtlich entweder einmütig oder mit überwältigender Stimmenmehrheit angenommen wurden, die allgemeine Rechtsauffassung der Staaten bekräftigt, daß das Selbstbestimmungsrecht unabdingbare Rechtsansprüche der Völker begründet, die alle Staaten zu achten haben.

Angesichts dieser unzweideutigen Klarstellung und der Tatsache, daß die diese Rechtsauffassung tragenden und konsequent für ihre effektive Durchsetzung in der Praxis eintretenden sozialistischen und antiimperialistischen Staaten längst die große Mehrheit aller Staaten, insbesondere der UN-Mitgliedsländer bilden, bestand auch für imperialistische und sonstige reaktionäre Regime die Notwendigkeit, in ihrer Politik dieser weltpolitischen Lage Rechnung zu tragen. So gewannen im letzten Jahrzehnt auch in der bürgerlichen Völkerrechtsdoktrin die Auffassungen an Boden, die grundsätzlich die Rechtsverbindlichkeit des Selbstbestimmungsrechts anerkennen, während noch 1962 das in der BRD herausgegebene Wörterbuch des Völkerrechts, im Hinblick auf die bürgerliche Völkerrechtstheorie und -praxis feststellte, daß die am weitesten verbreitete Auffassung der Völkerrechtslehre dahin gehe, das allgemeine Völkerrecht garantiere das Selbstbestimmungsrecht nicht.[9] Besonders deutlich kommt diese Entwicklung bei dem BRD-Völkerrechtler F. Berber zum Ausdruck, der unter Aufgabe seiner früheren Ansicht[10] in der 1975 erschienenen 2. Auflage seines Lehrbuches des Völkerrechts unter ausdrücklicher Bezugnahme auf die Prinzipiendeklaration der UNO feststellt: „Das Selbstbestimmungsrecht kann also von nun ab nicht mehr bloß als ein politisches Prinzip, sondern muß als Rechtsprinzip betrachtet werden.“[11] Gleiche oder ähnliche Äußerungen finden sich nach 1970 auch bei anderen bürgerlichen Völkerrechtlern.[12]

Mit dieser, von der Macht der Tatsachen erzwungenen und um rund drei Jahrzehnte verspäteten Anerkennung des Rechtscharakters des Selbstbestimmungsrechts der Völker durch namhafte Vertreter der bürgerlichen Völkerrechtslehre verbinden sich aber so gut wie durchgängig zwei Tendenzen, die das damit gemachte Zugeständnis an die wirkliche Rechtslage weitgehend wieder in Frage stellen oder sogar praktisch aufheben.

Eine dieser Tendenzen besteht darin, dem Selbstbestimmungsrecht der Völker zwar Rechtsverbindlichkeit zuzuerkennen, zugleich aber Zweifel hinsichtlich seines konkreten rechtlichen Inhalts und seiner rechtlichen Durchsetzungsmöglichkeiten zu erheben und es damit als Rechtsgrundsatz letztlich wieder in Frage zu stellen. Typisch hierfür ist die Behauptung von A. Verdroß und B. Simma: „das grundsätzlich anerkannte Selbstbestimmungsrecht bilde nur eine ‘lex imperfecta’, da es in der UNO ‚kein objektives Verfahren gebe, um den Willen der betroffenen Bevölkerung und ihre behauptete Unterdrückung festzustellen, so wie um ihr zur allfälligen Durchsetzung ihres Rechts zu verhelfen‘“. Ohne ein derartiges Verfahren sei jedoch „eine friedliche Verwirklichung des Selbstbestimmungsrechts unmöglich, und seine unkontrollierte Durchsetzung gefährde die internationale Ordnung und damit den Weltfrieden.“[13] Die ganze Abwegigkeit dieser Position und ihr politischer Zweckcharakter zeigen sich – ganz abgesehen davon, daß man mit der hier gegebenen Begründung die weitaus meisten Völkerrechtsgrundsätze unserer Zeit als „leges imperfectae“ bezeichnen könnte – vor allem in ihrer jeder geschichtlichen Erfahrung der letzten Jahrzehnte Hohn sprechenden Konsequenz, daß alle bisher erfolgten Verwirklichungen des Selbstbestimmungsrechts der Völker, insbesondere seine Durchsetzung in sozialen Revolutionen und im kolonialen Befreiungsprozeß, „Gefährdungen der internationalen Ordnung und damit des Weltfriedens“ dargestellt hätten. Aber gerade in dieser unabweisbaren Schlußfolgerung aus der Auffassung der

Autoren zeigt sich deren eigentlicher Sinn. Mit ihrer Hilfe sollen das dem gesellschaftlichen Fortschritt dienende Selbstbestimmungsrecht und die Ergebnisse seiner Verwirklichung diskreditiert werden.

Auch F. Berber meint, daß die Formulierung des Selbstbestimmungsrechts „viele Dunkelheiten, mehr vage als präzise Formulierungen, kaum Durchführungsprozeduren" enthalte, und daß insbesondere offen geblieben sei, was unter „Volk" zu verstehen wäre.[14] Aus ähnlichen Erwägungen meint U. Scheuner, daß man das Selbstbestimmungsrecht „nicht in unbegrenztem Umfang als rechtliche Regel ansehen kann".[15]

In allen diesen Äußerungen zeigt sich mit großer Deutlichkeit das keineswegs überwundene Unbehagen der bürgerlichen Völkerrechtsdoktrin gegenüber einem von ihr wohl oder übel anzuerkennenden Rechtsprinzip, das seinem Wesen nach gegen die noch bestehenden imperialistischen Machtstrukturen und Hegemoniebestrebungen gerichtet ist und auf der Grundlage der Gesetzmäßigkeiten der gesellschaftlichen Entwicklung in unserer Epoche objektiv einen sozial progressiven, revolutionären Charakter hat. Es ist diese Natur des Selbstbestimmungsrechts, die bürgerliche Völkerrechtler immer wieder veranlaßt, nach Argumenten zu suchen, die es in seiner Wirksamkeit begrenzen oder abschwächen sollen, wenn es schon nicht mehr geleugnet werden kann. Sie übersehen jedoch bei ihren Kritiken am Selbstbestimmungsrecht geflissentlich, daß es sich auch in dem Grade seiner rechtlichen Ausgestaltung und Präzisierung, den es bis heute gefunden hat und der gewiß noch weiter entwickelt werden sollte, in der Praxis der Völker und auch der überwiegenden Mehrheit der UN-Mitgliedstaaten bereits als ein höchst wirksames Instrument des nationalen und sozialen Befreiungskampfes erwiesen hat, aus dem seit langem besonders in Entschließungen der UNO sehr konkrete, realisierbare und vielfach auch realisierte rechtliche Schlußfolgerungen abgeleitet werden.

Eine zweite Tendenz in der bürgerlichen Völkerrechtsdoktrin der Gegenwart besteht darin, die unvermeidlich gewordene Anerkennung des Selbstbestimmungsrechts der Völker mit verschiedenartigen Versuchen zu verbinden, seinen Inhalt so zu entstellen, daß es seines sozial progressiven Wesens beraubt und zu einem Instrument imperialistischer Expansionspolitik und des Kampfes gegen fortschrittliche Bewegungen der Völker, insbesondere gegen ihre Entscheidungen für einen sozialistischen Entwicklungsweg umfunktioniert wird. So zeigen sich schon in den 50er und 60er Jahren – insbesondere im Zusammenhang mit den politischen Plänen der BRD und der Westmächte, unter dem Schlagwort von der sogenannten Wiedervereinigung Deutschlands die sozialistische DDR in die Gesellschafts- und Staatsordnung der BRD zu integrieren, – bei Völkerrechtlern aus diesen Staaten im Anschluß an entsprechende mehr oder weniger offizielle Erklärungen[16] deutlich Bestrebungen, die Schaffung bürgerlich-parlamentarischer Ordnungen und die Durchführung sogenannter freier Wahlen im westlichen Sinne als wesentliches Kriterium für die Verwirklichung des Selbstbestimmungsrechts zu betrachten und damit jede Entscheidung eines Volkes für den Sozialismus a priori zu einer Verletzung des Selbstbestimmungsrechts zu stempeln. Zu diesem Zweck wird der bürgerlich-kapitalistische Freiheitsbegriff zum Maßstab der Ausübung der Selbstbestimmung durch ein Volk gemacht und in offenem Widerspruch zu allen völkerrechtlichen Normierungen des Selbstbestimmungsrechts zu einem notwendigen Element seines Inhalts erhoben. In diesem Sinne definiert z. B. K. Rabl das Selbstbestimmungsrecht als das Recht jedes Volkes, „auf seinem angestammten Gebiet in Einheit sowie äußerer und innerer Freiheit zu leben". Als Beweis für die „freie" Entscheidung des Volkes läßt er allein die Feststellung zu, daß sein politischer Wille „durch eine Volksabstimmung über mehrere Möglichkeiten der verfassungspolitischen Zukunftsgestaltung oder auf eine andere anerkanntermaßen demokratische Weise (z. B. durch die freie Wahl zwischen zwei oder mehr politischen Parteien, die in dieser Hinsicht verschiedene Programme vertreten) und möglichst unter UNO-Aufsicht, gebildet wurde".[17]

Es kann nicht Wunder nehmen, daß derartige Versuche, das Selbstbestimmungsrecht der Völker so zu entstellen, daß es als Waffe gegen Entscheidungen von Völkern für eine sozialistische Entwicklung mißbraucht werden kann, gegenwärtig unter den Bedingungen des Übergangs immer weiterer Völker zum Aufbau des Sozialismus bzw. zu einer sozialistischen Orientierung und eines sich immer mehr steigernden antisozialistischen Propagandafeldzuges aller reaktionären Kräfte verstärkt wieder aufgenommen werden.

Ein jüngstes Beispiel hierfür bietet eine unlängst in der BRD erschienene sehr umfangreiche Monographie von Theodor Schweißfurth mit dem bezeichnenden Titel: „Sozialistisches Völkerrecht?"[18] In ihr bekennt sich der Verfasser zunächst zu einem „universellen" Rechtsgrundsatz des Selbstbestimmungsrechts der Völker, „dessen Träger nicht nur eine Klasse, sondern das Gesamtvolk" sei, das jedes beliebige sozialökonomische Modell wählen könne.[19] Die logische Schlußfolgerung aus dieser Formel, die in ihrer Einschränkungslosigkeit sogar die Wahl reaktionärster oder direkt faschistischer Systeme durch hierzu manipulierte Bevölkerungsmehrheiten als eine völkerrechtlich legitime Ausübung des Selbstbestimmungsrechts anerkennt, könnte doch nur darin bestehen, daß der Autor auch die Entscheidung eines Volkes für eine sozialistische Revolution oder einen sozialistisch orientierten Entwicklungsweg als eine international zu respektierende Verwirklichung seines Selbstbestimmungsrechts ansieht. Aber angesichts dieser Konsequenz verläßt Schweißfurth den Boden der Logik und des Rechts, indem er eindeutig sowohl das Recht auf Selbstbestimmung im Sinne einer Entscheidung für den Sozialismus, als auch die Möglichkeit einer Verwirklichung des Selbstbestimmungsrechts unter sozialistischen Bedingungen, schlechtweg verneint.

Das erstere geschieht im Grunde bereits dadurch, daß er in Abrede stellt, die sozialistischen Staaten hätten ihre gegenseitigen Beziehungen generell durch sozialistische Völkerrechtsnormen geregelt oder könnten dies tun, d. h. indem er faktisch den sich für den Sozialismus entscheidenden Völkern das Recht abspricht, auch ihre Beziehungen zueinander nach ihrem Willen zu gestalten. Diese Auffassung begründet er mit der völlig wirklichkeitsfremden Behauptung, daß die heutige Staatengesellschaft keine Klassengesellschaft, sondern – wie er es nennt – eine „koordiniert strukturierte Staatengesellschaft sei". Daher könne das universelle Völkerrecht auch keinen bestimmten Klassencharakter haben und folglich entfalle die Voraussetzung „für die nach dem Basis-Überbau-Theorem logische Ablösung des alten Rechts durch das qualitativ neue Recht im Zuge der sich ablösenden Gesellschaftsformationen".[20] Offenbar hat aber Schweißfurth dann doch Schwierigkeiten, diese seine Generalthese angesichts der Realitäten aufrechtzuerhalten, denn er räumt in offensichtlichem Widerspruch zu ihr plötzlich ein, daß das zwischen den sozialistischen Staaten geltende Völkerrechtsprinzip des sozialistischen Internationalismus einen besonderen Klassencharakter und eine spezifisch sozialistische Funktion besitze. Er gelangt daher zu dem Ergebnis, das sogenannte sozialistische Völkerrecht „schrumpfe also auf dem Grundsatz des sozialistischen Internationalismus mit seinen Subprinzipien" zusammen.[21] Man könne deshalb nicht von einem sozialistischen Völkerrecht, sondern höchstens von einigen Völkerrechtsprinzipien neuen Typus sprechen, für die jedoch die Charakterisierung als sozialistisch eigentlich einen „Etikettenschwindel" darstelle. Es sei viel treffender als „intersowjetisches" Völkerrecht zu bezeichnen, da es sich um Völkerrechtsgrundsätze handele, „die durch die Völkerrechtspolitik der Sowjetunion im Verhältnis zwischen ihr und vom sowjetischen Modell des Sozialismus geprägten und unter dem hegemonialen Einfluß der UdSSR stehenden Staaten zur Entstehung gebracht worden wären".[22] Mit dieser groben Entstellung der geschichtlichen

Tatsachen wird einmal der Sache nach behauptet, daß die sozialistische Gesellschafts- und Staatsordnung aller sozialistischen Länder außer der Sowjetunion unter Ausschluß oder Verletzung des Selbstbestimmungsrechts der betreffenden Völker geschaffen worden sei, und zum anderen wird damit die Souveränität dieser Staaten in Zweifel gezogen.

Es ist hier weder möglich noch erforderlich, ein weiteres Mal im einzelnen die ganze Verlogenheit und Böswilligkeit der bekannten westlichen Erfindung von einer sogenannten Moskauer Doktrin nachzuweisen, nach der angeblich die Souveränität der anderen sozialistischen Staaten gegenüber der Sowjetunion beschränkt sein soll. Hier geht es vielmehr darum, mit aller Deutlichkeit festzustellen, daß die Quintessenz der Ausführungen Schweißfurths darin besteht, daß nach ihm einmal das Selbstbestimmungsrecht der Völker diese zwar zu jeder beliebigen Entscheidung über ihren gesellschaftlichen und politischen Entwicklungsweg berechtigt, nur nicht zu einer für den Sozialismus. Zum zweiten will er das Selbstbestimmungsrecht in einem sozialistischen Staat nur dann als verwirklicht ansehen, wenn dieser die Freiheit zur Konterrevolution gewährleistet. Bereits diese Konsequenzen der Positionen Schweißfurths erweisen deutlich ihren politischen Zweckcharakter und ihre völlige Unvereinbarkeit mit dem Wortlauf und Sinn des vom geltenden Völkerrecht als eines seiner Grundprinzipien anerkannten und gewährleisteten Selbstbestimmungsrechts der Völker.

Dennoch sollten diese neuesten Entstellungen des Selbstbestimmungsrechts aufmerksam zur Kenntnis genommen werden. Denn sie bringen einmal rechtliche und politische Auffassungen bestimmter bürgerlicher Völkerrechtler sehr konzentriert zum Ausdruck. Zum anderen sollen sie offensichtlich die praktische Politik rechtfertigen, die eine Reihe imperialistischer Regierungen heute gegenüber Völkern und Staaten, betreibt, die einen sozialistischen Entwicklungsweg einschlagen oder einschlagen wollen. Sie unterstreichen zugleich die Notwendigkeit, gerade unter den gegenwärtigen Bedingungen theoretisch und praktisch das völkerrechtliche Grundprinzip des Selbstbestimmungsrechts der Völker zu verteidigen, vor jeder inhaltlichen Verfälschung zu schützen und um seine Realisierung zu kämpfen.

Mit gutem Grund bekunden daher die Staaten des Warschauer Vertrages immer wieder ihre Entschlossenheit, „aktiv dafür zu wirken, in den internationalen Beziehungen ... die Normen des unveräußerlichen Rechts eines jeden Volkes auf freie Wahl seines Entwicklungsweges entsprechend seinem Willen und seinen Hoffnungen fest zu verankern“.[23] Dazu gehört auch die Entlarvung und entschiedene Zurückweisung aller Versuche, das Selbstbestimmungsrecht der Völker auszuhöhlen oder zu entstellen, um es seiner für die weitere progressive Umgestaltung der internationalen Beziehungen so bedeutsamen gesellschaftlichen und historischen Funktion zu berauben.

Anmerkungen

1 Vgl. Neues Deutschland vom 24. 11. 1978.

2 UN-Resolution Nr. 2625/XXV (deutscher Text in „Völkerrecht-Dokumente“, Berlin 1973, Teil 3, S. 1164 ff.).

3 Arzinger, R., Das Selbstbestimmungsrecht im allgemeinen Völkerrecht der Gegenwart, Berlin 1966, S. 224 f.; vgl. Steininger, P. A., Oktoberrevolution und Völkerrecht, Berlin 1967, S. 72 ff.

4 Resolution Nr. 1514/XV (Deutscher Text in „Völkerrecht-Dokumente“, Berlin 1973, Teil 2, S. 710 ff.).

5 Resolution Nr. 2627/XXV (deutscher Text in „Völkerrecht-Dokumente“, Berlin 1973, Teil 3, S. 1158 ff.).

6 Resolution Nr. 2734/XXV (deutscher Text in „UNO-Bilanz“ 1970/71, S. 163 ff.).

7 Resolution Nr. 32/155 (deutscher Text in „UNO-Bilanz“ 1977/78, S. 137 ff.).

8 Vgl. als Beispiel aus jüngster Zeit die Resolution Nr. 33/182a vom 31. 12. 1978 zur Namibia-Frage (deutscher Text in „UNO-Bilanz“ 1978/79, S. 144 ff.).

9 Wörterbuch des Völkerrechts, Band II, (West-)Berlin 1962, S. 253.

10 Berber, F., Lehrbuch des Völkerrechts, I. Band, München-(West)-Berlin 1960, S. 178.

11 A. a. O., Band I, München 1975, S. 175 ff.

12 Als Beispiel seien genannt: Doehring, K., Das Selbstbestimmungsrecht der Völker als Grundsatz des Völkerrechts, in: Berichte der Deutschen Gesellschaft für Völkerrecht, Heft 14, Karlsruhe 1974; Delbrück, J., Das Selbstbestimmungsrecht der Völker im Völkerrecht der Gegenwart, in: Vereinte Nationen (Koblenz) Nr. 1/1977, S. 6 ff; Meißner, B., a. a. O., S. 124 ff.

13 Verdroß, A., Stimma, B., Universelles Völkerrecht, (West)-Berlin 1967, S. 255 ff.

14 Berber, F., Lehrbuch des Völkerrechts, a. a. O., S. 176.

15 Scheuner, U., Zur Auslegung der Charta durch die Generalversammlung, in: „Vereinte Nationen“ (Koblenz) Nr. 4/1978, S. 116.

16 Vgl. z. B. Eisenhower, D. in seiner Erklärung vom 18. 7. 1955 vor der Genfer Konferenz der Regierungschefs der vier Mächte (in: „Neue Zeit“ (Moskau) Nr. 30/1955); Empfehlung Nr. 208/1959 der Beratenden Versammlung des Europarates über die gegenwärtige Lage in Mittel- und Osteuropa vom 15. 9. 1959; Thesen des Verfassungsausschusses des Königsteiner Kreises vom 23. 9. 1961 in: Bulletin des Presse- und Informationsamtes der Bundesregierung Nr. 199/1961 vom 21. 10. 1961, S. 1873).

17 Rabl, K., a. a. O., S. 149, 152. Ähnliche Positionen finden sich auch bei Decker, G., a. a. O., S. 319 und bei Meyer-Lindenberg, H., in: Bulletin des Presse- und Informationsamtes der Bundesregierung Nr. 188/1961, S. 1779 ff.

18 Schweißfurth, Th., Sozialistisches Völkerrecht?, (West)-Berlin, Heidelberg, New York 1979.

19 A. a. O., S. 460.

20 A. a. O., S. 517/518.

21 A. a. O., S. 517 f., S. 539 ff.

22 A. a. O., S. 540/541.

23 Deklaration der Teilnehmerstaaten des Warschauer Vertrages vom 23. 11. 1978 in: Neues Deutschland vom 24. 11. 1978.

Helmut Faulwetter

Der Kampf der jungen Nationalstaaten um ökonomische Befreiung vom Imperialismus als wesentlicher Faktor für die Entstehung und Entwicklung progressiver Verfassungen

Vor allem zwei Aspekte sind es, die im Mittelpunkt der Thematik stehen.

Erstens ist uns der Inhalt der sich herausbildenden bzw. entwickelnden Normen und Regeln des gesellschaftlichen Zusammenlebens in den jungen Nationalstaaten nicht gleichgültig. Das ergibt sich nicht nur aus der Notwendigkeit, Verständnis für die festgeschriebenen Grundsätze der staatlichen und gesellschaftlichen Ordnung dieser Staaten zu erlangen, sondern weil uns objektive Interessengleichheit im antiimperialistischen Kampf mit ihnen verbindet und die Effektivität eines Bündnisses wesentlich durch Kenntnisse über Voraussetzungen, Grenzen und Möglichkeiten der jeweiligen Partner für die Allianz bestimmt wird. Darüber hinaus auch deshalb, weil einige sozialistisch orientierte Nationalstaaten nach unserer Meinung und unseren Vorschlägen für Gestaltung und Formulierung ihres Rechtssystems und ihres Gesetzeswerkes fragen.

Zweitens haben in den jungen Nationalstaaten die sich zum Teil rasch verändernden ökonomischen Bedingungen eine vordergründig starke Wirkung auf alle Bereiche des gesellschaftlichen Lebens und deshalb auch zwangsläufig auf die das Leben in diesen Staaten regelnden Festlegungen. Das Grundgesetz in vielen Nationalstaaten wurde nachdrücklich geformt durch Entwicklungen im Innern, die ausgelöst wurden durch die Entstehung und Ausweitung progressiver Produktionsverhältnisse oder der Dynamisierung der Produktion, z. B. infolge der Industrialisierung und wie andererseits ihre Verfassung auf die ökonomische Basis zurückwirkte. In allen Nationalstaaten schufen diese objektiven ökonomischen Entwicklungen zumindest aber Voraussetzungen und Rahmenbedingungen für die Ausarbeitung auch der Verfassung des jeweiligen Staates. Das gilt für sich kapitalistisch entwickelnde oder kapitalistisch orientierte wie auch für sozialistisch orientierte Nationalstaaten.

Haben die Außenwirtschaftsbedingungen dieser Staaten – ihre Stellung in der kapitalistischen Weltwirtschaft, die durch Ausbeutung und Nichtgleichberechtigung gekennzeichnet ist – eine entscheidende Wirkung auf die ökonomischen und gesellschaftlichen Bedingungen überhaupt, so mußten und müssen Veränderungen in der ökonomischen Stellung der Nationalstaaten gegenüber dem Imperialismus auch die Möglichkeiten, progressive Festlegungen für das gesellschaftliche Zusammenleben in den jungen Nationalstaaten zu treffen oder wenigstens anzuvisieren, beeinflussen und z. T. determinieren. Tatsächlich führte der antiimperialistische Kampf der nationalen Befreiungsbewegungen, unterstützt durch den Weltsozialismus zu Ergebnissen, die nicht nur die Position der Nationalstaaten im Rahmen der stofflich-materiellen Beziehungen des kapitalistischen internationalen Systems verbesserten, sondern die auch in Festlegungen mündeten, sich in Dokumenten niederschlugen, in denen die Länder der sozialistischen Gemeinschaft insgesamt ihre Zustimmung und das Versprechen der Unterstützung bei ihrer Durchsetzung gaben, die progressive Aussagen im Grundgesetz dieser Nationalstaaten zulassen, stimulieren und absichern.

Die Charta der ökonomischen Rechte und Pflichten der Staaten z. B. war Ergebnis der Auseinandersetzung der Nationalstaaten und der sozialistischen Staaten mit dem Imperialismus um eine Demokratisierung der internationalen Wirtschaftsbeziehungen. Die Festlegungen gerade dieses Dokuments bestätigen sehr wichtige Forderungen der Nationalstaaten, deren Durchsetzung ihnen ihre Souveränität stärken und sichern und damit ihre Abhängigkeit vom Imperialismus reduzieren hilft. Gerade diese Charta wurde und ist das die strategischen Ziele der jetzt vorrangigen Umgestaltungen in den internationalen Wirtschaftsbeziehungen und die Wege ihrer Erreichung skizzierende Dokument, das die antiimperialistischen Kräfte durchsetzen konnten. Ergebnisse aus den internationalen Auseinandersetzungen um eine neue Wirtschaftsordnung konnten und können so zu einem wesentlichen Faktor auch für die Entstehung und Entwicklung progressiver Verfassungen in den jungen Nationalstaaten werden und begannen es zu werden.

Die imperialistischen Staaten hatten bereits 1972 zustimmen müssen, daß es für die Schaffung einer gerechten und stabilen Weltordnung notwendig sei, allgemein anerkannte Normen für die systematische Regelung der Weltwirtschaftsbeziehungen festzulegen.[1]

Die entsprechende Charta wurde zweieinhalb Jahre danach von der UN-Vollversammlung beschlossen.[2] Viele ihrer Festlegungen sind eindeutiger Rahmen – sicherlich den jeweiligen nationalen Bedingungen entsprechend anzupassen – für Formulierungen in den Verfassungen der jungen Nationalstaaten bzw. sind identisch im Inhalt und sogar zum Teil in der Form. Sicherlich ist ein Einzelfall kaum nachzuweisen, daß und wie entsprechende Aussagen dort auf die Charta zurückgehen. Die weitgehende Identität selbst der Formulierungen ist allerdings kaum zufällig und in einer Reihe von Nationalstaaten – besonders der sozialistisch orientierten – widerspiegeln Teile der Verfassung das grundsätzliche Anliegen der Charta. Das betrifft z. B. die Verpflichtung aller Staaten zur friedlichen Koexistenz, der Garantie der territorialen Unversehrtheit und der politischen Unabhängigkeit aller Staaten, der redlichen Erfüllung internationaler Verpflichtungen usw. Das sind Prinzipien, um deren Durchsetzung die meisten Nationalstaaten sich in ihren Beziehungen zu den hochentwickelten kapitalistischen Ländern sehr nachhaltig bemühen. Daneben betrifft es Aspekte der staatlichen Souveränität, der Ausübung der Macht des Staates nach innen und außen, der Unabhängigkeit der Völker in der Wahl des eigenen ökonomischen, politischen, sozialen und kulturellen Systems, der gemeinsamen Verantwortlichkeiten gegenüber der Völkergemeinschaft, usw. Es sind Grundsätze die für alle Staaten entscheidendes Gewicht besitzen. In gewisser Weise werden solche internationalen Dokumente wie die Charta zum Mittel der internationalen Absicherung im Interesse einer selbständigen Entwicklung junger Nationalstaaten getroffener Festlegungen in ihren jeweiligen Verfassungen. Das ist unübersehbar bei solchen Aussagen, wie z. B. im Kapitel II der Charta: „Jeder Staat hat das souveräne und unveräußerliche Recht, sein Wirtschaftssystem sowie sein politisches, soziales und kulturelles System entsprechend dem Willen seines Volkes ohne Einmischung, Zwang oder Drohung irgendwelcher Art von außen zu wählen."[3] Zweifellos widersprechen solche Festlegungen den Interessen des Imperialismus, vor allem dann, wenn Völker eine progressive Entwicklung anvisieren, einen nichtkapitalistischen Weg zu beschreiten beginnen und sich gegen die Reste des kolonialen und das neokoloniale System der Ausbeutung stellen. Der Konsens mit anderen Nationalstaaten und vor allem mit den sozialistischen Ländern macht ihre Position in diesen Auseinandersetzungen stark.

Haupthindernis für eine unabhängige ökonomische Entwicklung der meisten Nationalstaaten und zugleich bedeutendste Institution im Ausbeutungsmechanismus des Imperialismus gegenüber den ökonomisch schwachentwickelten Staaten sind die Transnationalen Konzerne. Wesentliches Anliegen muß für diese Nationalstaaten deshalb objektiv die Beschneidung und die Kontrolle der Macht der internationalen Monopole sein. Für jeweilige nationale Festlegungen der Staaten bietet die Charta eine unübersehbare internationale Absicherung. Es heißt dort: „Jeder Staat hat die volle und ständige Souveränität einschließlich des Besitzes-, des Nutzungs- und des Verfügungsrechts über alle seine Reichtümer, Naturschätze und wirtschaftlichen Betätigungen und übt diese Souveränität ungehindert aus.“[4] Entsprechend bestätigte die internationale Gemeinschaft jedem Staat das Recht, die Aufsicht über ausländische Investitionen in seinem nationalen Hoheitsbereich nach Maßgabe seiner Rechtsvorschriften und entsprechend seiner nationalen Ziele und Prioritäten zu regeln und auszuüben.

Zur uneingeschränkten Souveränitätsausübung stehe alle Staaten entsprechend das Recht zu, die Tätigkeiten Transnationaler Gesellschaften in ihrem nationalen Hoheitsbereich zu regeln und zu überwachen und Maßnahmen zu treffen, um sicherzustellen, daß diese Tätigkeiten ihren Rechtsvorschriften entsprechend und mit ihren wirtschaftlichen und sozialen Zielstellungen im Einklang stehen. Transnationale Gesellschaften dürfen nicht in die inneren Angelegenheiten eines Gaststaates eingreifen. Die Behandlung internationaler Konzerne schließt das Recht für die Staaten, auf deren Territorium sie operieren, ein, ausländisches Vermögen zu verstaatlichen, zu enteignen oder das Eigentum daran zu übertragen. Dies solle entsprechend den jeweiligen nationalen Rechtsvorschriften und sonstigen Dokumenten erfolgen. Ist die Frage der Entschädigung im Einzelfall umstritten, so wird sie nach dem innerstaatlichen Recht des verstaatlichenden Staates und von seinen Gerichten beigelegt.

Wenn solche internationalen Dokumente für die jungen Nationalstaaten in Asien und Afrika so günstige Bedingungen für die Erarbeitung und Durchsetzung wichtiger Normen und Regeln für das Funktionieren ihres gesellschaftlichen Systems bieten, heißt das nichts anderes, als daß der Kampf der progressiven Kräfte dem Imperialismus Positionen abgerungen und ihn zu Zugeständnissen gezwungen hat, die ein günstiges Klima für fortschrittliche Entwicklungen in den jungen Nationalstaaten und einen gewissen Schutz gegenüber Störversuchen des Imperialismus schafften.

Diese kurzen ausschnittartigen Darstellungen weisen bereits auf die Vielfalt der Beziehungen und Bedingungen hin, die auf die Souveränitätsentwicklung und ihre Festschreibung in Dokumenten der jungen Nationalstaaten wirken. So zeigen sie einmal die herausragende Bedeutung internationaler Aspekte für diese jeweiligen nationalen Entwicklungen. Sie können zum weiteren die bedeutende Rolle der Ökonomie und der Lösung ökonomischer Fragen für die nationalstaatliche Entwicklung in diesen Staaten sichtbar machen.

Zum anderen deuten sie die Vielfältigkeit an, die in den Möglichkeiten der Unterstützung des Kampfes der jungen Nationalstaaten um die Durchsetzung auch ihrer ökonomischen Selbständigkeit besteht. Diese Möglichkeiten bestehen in verschiedenen Bereichen, wirken direkt oder indirekt – wie im vorliegenden Fall, wo sie zu günstigen internationalen Wirtschaftsbeziehungen wie auch nationaler Strukturen führen.

Schließlich machen sie Faktoren sichtbar, die für die ökonomische und gesellschaftliche Entwicklung in den jungen Nationalstaaten insgesamt günstig sind. Natürlich befinden sich diese Staaten noch unter der Wirkung der Ausbeutung durch den Imperialismus, das reduziert ihre Akkumulationskraft und behindert damit auch ihre Gesamtentwicklung. Aufgrund der Existenz des Weltsozialismus und seiner Unterstützung der nationalen Befreiungsbewegungen hat sich das Kräfteverhältnis in den internationalen Beziehungen an vielen Stellen verändert. Das hat z. B. Monopolpositionen des Imperialismus eingeschränkt bzw. sogar durchbrochen und hat internationale Rahmenbedingungen geschaffen, die bereits in vielen Fällen zu Entwicklungsformen für die jungen Nationalstaaten wurden.

Wenn es um die Verfassungsentwicklung in Staaten der sogenannten „Dritten Welt" geht, dann spielt der Kampf der Nationalstaaten um die ökonomische Befreiung vom Imperialismus, das gemeinsame Auftreten der sozialistischen Länder dieser Staaten zur weiteren Demokratisierung der internationalen Wirtschaftsbeziehungen, eine wesentliche Rolle.

Anmerkungen

1 UNCTAD, Res. 45 (III), 18. 5. 1972.
2 Resolution 3281 (XXIX) der UN-Vollversammlung, 12. 12. 1974.
3 Ebenda, Kapitel II, Artikel 1.
4 Ebenda, Kapitel II, Artikel 2.

Horst Trauer

Die Herausbildung und Entwicklung junger Nationalstaaten und die Lösung ihrer ökonomischen und sozialökonomischen Probleme

Die Zahl der jungen Nationalstaaten, die den sozialistischen Entwicklungsweg wählen, nimmt zu. Der sozialistische Entwicklungsweg wurde zu einer historisch entstandenen objektiven Realität. Es ist eingetreten, was Lenin schon an der Schwelle der 20er Jahre vorausgesagt hat. Der sozialistische Entwicklungsweg in einer Reihe von national befreiten Staaten wurde zu einer qualitativ neuen, historischen Entwicklung, die unsere besondere Aufmerksamkeit erfordert.

Es ist deshalb notwendig, daß wir uns theoretisch, aber auch aus der Sicht der historischen Erfahrungen dieser Nationalstaaten mit ihren Entwicklungsproblemen befassen, um die Gesetzmäßigkeiten dieses revolutionären Prozesses zu analysieren und wissenschaftlichen Vorlauf für die Theorie und Praxis zu schaffen. Das schließt auch die Analyse der negativen Lehren der Staaten ein, die den bereits eingeschlagenen Weg der nichtkapitalistischen Entwicklung wieder verlassen haben.

Die Erweiterung der theoretischen Zusammenarbeit mit den jungen Nationalstaaten, die den sozialistischen Entwicklungsweg gehen, hat unmittelbare praktische Bedeutung. Das bezieht sich sowohl auf die Ausbildung von Kadern dieser Staaten an unseren Universitäten und Hochschulen, aber vor allem auch auf die Vermittlung von Erfahrungen der DDR an diese Staaten. Es handelt sich dabei vor allem um unsere Erfahrungen aus der Periode der antifaschistisch-demokratischen Entwicklung und bei der Schaffung der Grundlagen des Sozialismus. Gerade die Erfahrungsvermittlung in Form von Seminaren und der Beratertätigkeit erfordert ein Höchstmaß an Kenntnissen über die gesellschaftliche Praxis dieser Nationalstaaten, um ihnen eine ihrer Spezifik und ihrem Entwicklungsstand entsprechende Hilfe und Unterstützung geben zu können.

Ausgehend von der Lehre der Klassiker des Marxismus-Leninismus und unter Beachtung der spezifischen Entwicklungsbedingungen dieser jungen Nationalstaaten sollten wir uns in der Forschungsarbeit hauptsächlich folgenden Problemen zuwenden:

1. Der Charakterisierung der prinzipiellen Merkmale der gesetzmäßigen Entwicklung der Nationalstaaten mit sozialistischem Entwicklungsweg. Es geht darum, die konkrete sozialökonomische Struktur, die ganze Vielfalt der gesellschaftlichen, sozialen und ökonomischen Verhältnisse in der jeweiligen Entwicklungsetappe zu analysieren und die allgemeinen Gesetzmäßigkeiten des Übergangs zum Sozialismus, die allgemeinen Prinzipien der marxistisch-leninistischen revolutionären Strategie auf die spezifischen Bedingungen dieser Staaten schöpferisch anzuwenden. Wir sind uns dabei im klaren, daß weder eine Übertragung der Spezifik europäischer Entwicklungsvarianten, z. B. der Klassenpolarisierung oder der Herausbildung der Volksdemokratien, noch ganzer Modelle der Entwicklung zum Sozialismus auf die Verhältnisse dieser Staaten möglich ist.

In seinem Referat auf dem 2. Gesamtrussischen Kongreß der kommunistischen Organisationen der Völker des Ostens erklärte Lenin an die Kommunisten in zurückgebliebenen Agrarländern gewandt: „Hier erwächst ihnen eine Aufgabe, wie sie vor den Kommunisten der ganzen Welt bisher nicht gestanden hat. Gestützt auf die allgemeine kommunistische Theorie und Praxis, müssen sie unter Anpassung an die spezifischen Bedingungen, die es in den europäischen Ländern nicht gibt, diese Theorie und Praxis auf Verhältnisse anzuwenden verstehen, wo die Hauptmasse der Bevölkerung Bauern sind und wo es den Kampf nicht gegen das Kapital, sondern gegen die Überreste des Mittelalters zu führen gilt."[1]

In seiner bekannten Rede auf dem 2. Kongreß der kommunistischen Internationale bejahte Lenin prinzipiell die Möglichkeit des Übergangs solcher Länder zum Sozialismus in Umgehung des kapitalistischen Entwicklungsweges. Er sagte: „Können wir die Behauptung als richtig anerkennen, daß die zurückgebliebenen Völker, die sich jetzt befreien und unter denen wir jetzt, nach dem Krieg, eine fortschrittliche Bewegung beobachten, das kapitalistische Entwicklungsstadium der Volkswirtschaft unbedingt durchlaufen müssen? Diese Frage haben wir mit einem Nein beantwortet. ... Die kommunistische Internationale muß auch den Leitsatz aufstellen und theoretisch begründen, daß die zurückgebliebenen Länder mit Unterstützung des Proletariats der fortgeschrittensten Länder zur Sowjetordnung und über bestimmte Entwicklungsstufen zum Kommunismus gelangen können, ohne das kapitalistische Entwicklungsstadium durchmachen zu müssen."[2]

Diese Form des Übergangs dieser Nationalstaaten zum Sozialismus – jetzt allgemein als sozialistischen Entwicklungsweg bezeichnet – verfügt nun bereits über eine 20jährige historische Erfahrung. Diese Erfahrung besagt, daß der sozialistische Entwicklungsweg noch nicht mit der sozialistischen Revolution zu vergleichen ist, sondern daß es sich hier um eine sozialökonomische Umgestaltung der Gesellschaft in Richtung auf den Sozialismus handelt. Der sowjetische Wissenschaftler Uljanowskij spricht in seinem Beitrag „Über die Länder mit sozialistischer Orientierung"[3] von einer vorsozialistischen Übergangsetappe, die von relativ langer Dauer sein wird und die auf antiimperialistische, antifeudale und teilweise auch antikapitalistische Umgestaltung gerichtet ist, deren Ziel in der Schaffung staatlicher, politischer, sozialökonomischer und wissenschaftlich-technischer Voraussetzungen für den schrittweisen künftigen Übergang zum Sozialismus besteht.

Wie die historischen Erfahrungen zeigen, ist dies ein langwieriger und komplizierter Prozeß und hat zutiefst demokratischen Charakter. Sein Erfolg ist an viele Bedingungen und Voraussetzungen geknüpft. Dieser Weg ist durchaus noch umkehrbar.

Eine wichtige Aufgabe der Gesellschaftswissenschaftler würde es sein, das Wesen dieses sozialistischen Entwicklungsweges zu begründen und vor allem die Faktoren und Bedingungen zu bestimmen, die eine Unumkehrbarkeit dieses Weges sichern sollen. Die theoretische Begründung des sozialistischen Entwicklungsweges dürfte eine große Hilfe bei der Lösung der vor ihnen stehenden komplizierten Probleme für die Partei- und Staatsführungen dieser Nationalstaaten sein.

2. Eine wichtige Erfahrung der sozialistisch orientierten Nationalstaaten besteht darin, daß die erforderlichen tiefgreifenden Veränderungen in den ökonomischen Verhältnissen sich nicht spontan durchsetzen. Die bewußte Steuerung der sozialökonomischen Prozesse ist erforderlich, um schrittweise die neuen Produktionsverhältnisse herauszubilden und die Entwicklung der Produktivkräfte schnell voranzutreiben. Die ökonomische Funktion des Staates erlangt enorme Bedeutung.

Wie wir aus unserer Tätigkeit in diesen Nationalstaaten wissen, orientiert der revolutionäre Kern der neuen Staatsmacht dieser Staaten bei der Lösung der sozialökonomischen Probleme in diesem Zusammenhang hauptsächlich auf die Meisterung folgender Aufgaben:

Erstens geht es darum, die ökonomische Abhängigkeit dieser Nationalstaaten von der imperialistischen Weltwirtschaft schrittweise abzubauen, die Macht der transnationalen Monopole einzuschränken und die Verschuldung zu mindern. Das dürfte eines der schwerwiegendsten Probleme sein, das von diesen Staaten mit Unterstützung der sozialistischen Länder zu lösen sind. Wir dürfen nicht außer acht lassen, daß der Imperialismus noch für lange Zeit genügend Mittel und Möglichkeiten hat, um diese Staaten in der ökonomischen Abhängigkeit zu belassen, daß die krisen- und störanfällige Wirtschaft der kapitalistischen Staaten nicht ohne negative Auswirkungen auf die Nationalstaaten bleibt, daß aufgrund dieser Faktoren sich das Wirtschaftswachstum und die Exportkraft dieser Staaten abschwächt, sich die „terms of trade" verschlechtern, die Auslandsverschuldung ansteigt.

Diese Faktoren und der ungeheure Profittransfer transnationaler Monopole verschlechtern die Akkumulationsmöglichkeiten dieser Nationalstaaten und damit werden zunehmend Barrieren für den ökonomischen und sozialen Fortschritt errichtet.

Zweitens stehen diese Nationalstaaten vor der dringenden Aufgabe, ihre aus der Kolonialzeit vorgefundene mehrsektorale Wirtschaft schrittweise in einen proportionierten, volkswirtschaftlich einheitlichen Reproduktionsprozeß umzugestalten. Das erfordert – trotz der oben aufgezählten Hemmnisse – maximal eigene Akkumulationsquellen zu erschließen.

Die Grundbedingung hierfür ist, möglichst schnell die Produktion in Gang zu bringen und ein stabiles, kontinuierliches Produktionswachstum zu sichern. Das ist aufgrund der verheerenden kolonialen Hinterlassenschaft und der damit im Zusammenhang stehenden Entwicklungsprobleme eine äußerst schwierig zu lösende Aufgabe. Sie zu meistern hat aber absoluten Vorrang, um schrittweise das Arbeits- und Lebensniveau des Volkes zu verbessern und das Kultur- und Bildungsniveau zu erhöhen. Schwerpunkte sind die Industrialisierung des Landes, die Herstellung ökonomischer Beziehungen zwischen Landwirtschaft und Industrie bei schneller Steigerung der landwirtschaftlichen Produktion zur Sicherung der Eigenversorgung der Bevölkerung. Schon heute zeigen die Erfahrungen dieser Nationalstaaten, daß hierzu die Planung der Volkswirtschaft und der Betriebe schrittweise eingeführt werden muß. Es liegt auf der Hand, daß die Vermittlung von Erfahrungen der sozialistischen Länder sehr wirkungsvoll zur Lösung dieser komplizierten Aufgaben in den jungen Nationalstaaten beitragen kann.

Drittens steht vor den Nationalstaaten die schwierige Aufgabe, die sozialökonomische Struktur der Gesellschaft umzugestalten. Hier hat die Herausbildung und Stabilisierung des staatlichen Sektors absolute Priorität. Zugleich aber muß die Politik gegenüber dem einheimischen privaten Sektor, insbesondere auch gegenüber den kleinen Warenproduzenten, ausgearbeitet und konsequent befolgt werden. Eine nicht geringe Rolle spielt die Entwicklung eines gemischten Sektors und die staatliche Regulierung der Tätigkeit des ausländischen Kapitals bzw. kapitalistischer Konzerne. Hier sind eine Vielzahl von Fragen zu beantworten, wo es diesen Staaten noch an Erfahrungen mangelt. Eine theoretische Durchdringung dieser Problematik, ausgehend von den in diesen Nationalstaaten vorhandenen spezifischen Bedingungen und unter Aufbereitung unserer eigenen Erfahrungen, ist von großem Wert für sie.

Es ist klar, daß die Lösung der ökonomischen Aufgaben hohe Anforderungen an die Staatsmacht in diesen Staaten stellt. Diese Aufgaben sind nur lösbar durch eine revolutionär-demokratische Staatsmacht, die immer mehr den Charakter einer revolutionnärdemokratischen Diktatur der Arbeiter und Bauern annimmt. Die Staatsmacht dieser Nationalstaaten ist aus ihrem Klassenwesen heraus widersprüchlich. Sie schließt progressive und konservative Elemente ein. Der Prozeß zum Aufbau der neuen Staatsmacht ist langwierig und im Staatsapparat selbst haben sich noch reaktionäre Kräfte verborgen, die früher im alten Staatsapparat gearbeitet haben oder sich in den neuen Staatsapparat eingeschlichen haben. Diese Kräfte untergraben bewußt die Beschlüsse der Parteien und der Staatsführungen dieser Staaten und versuchen, den festgelegten Kurs zu unterlaufen. Deshalb kommt der Festigung der Position der fortschrittlichen Kräfte, der revolutionären Demokraten und dem Einsatz von Arbeitern und Bauern im Staatsapparat größte Bedeutung zu, wenn es auch an solchen qualifizierten und erfahrenen Kadern dort mangelt. Wie die Erfahrungen zeigen, wird der sozialistische Entwicklungsweg besonders in diesen Nationalstaaten dann von Erfolg sein, wenn sich Vorhut-Parteien auf der Grundlage des wissenschaftlichen Sozialismus herausbilden, die die Führung übernehmen und die dafür Sorge tragen, daß sich die Staatsmacht fest mit den Volksmassen verbindet und das Volk an der Leitung und Planung des Staates aktiv beteiligt. Hier eröffnet sich ein breites Feld zur theoretischen Durchdringung und Verallgemeinerung vorhandener Erfahrungen, wobei besonders solche Fragen in den Vordergrund treten wie:

- die Entwicklung der Arbeiterklasse zur führenden Rolle in der Gesellschaft;
- die Herausbildung von Vorhut-Parteien, die auf der Grundlage des wissenschaftlichen Sozialismus arbeiten;
- die Zerschlagung des alten Staatsappartes und der Aufbau einer revolutionär-demokratischen Staatsmacht der Arbeiter und Bauern;
- die Beziehungen zwischen Partei und Staatsapparat;
- der Aufbau von Organen der Volksmacht und die Entwicklung der sozialistischen Demokratie;
- die Anwendung des demokratischen Zentralismus in der jeweiligen Entwicklungsetappe u. v. a. m.

Anmerkungen

1 Lenin, W. I., Werke, Bd. 30, Berlin 19, S. 146.
2 Lenin, W. I., Werke, Bd. 31, Berlin 19, S. 232.
3 Uljanowskij, Über die Länder mit sozialistischer Orientierung, Kommunist Nr. 11/1979, S. 112.

Werner Gramann

Aktuelle Probleme und Tendenzen der Staatsentwicklung in der Volksrepublik Moçambique

Am 25. 6. 1980 hat die Volksrepublik Moçambique (VRM) ihren 5. Jahrestag der Unabhängigkeit. In historisch kurzer Zeit gelang es den von der FRELIMO-Partei geeinten und geführten Arbeitern und Bauern Moçambiques, eine revolutionär-demokratische Diktatur der Arbeiter und Bauern zu errichten und die Aufgaben der volksdemokratischen Revolution in Angriff zu nehmen. Die politische Macht wurde von Anfang an dazu genutzt, die nationale Unabhängigkeit zu verteidigen, schrittweise die vom Kolonialismus hinterlassenen ökonomischen Probleme zu lösen und eine unabhängige nationale Wirtschaft aufzubauen, die politische, ökonomische und wissenschaftlich-technische Zusammenarbeit mit den sozialistischen Ländern zu entwickeln und der nationalen Befreiungsbewegung im Süden Afrikas aktive Unterstützung zu geben. Mit der vom III. Kongreß der FRELIMO beschlossenen ökonomischen und sozialen Direktive verfügt die regierende FRELIMO-Partei über eine Strategie der Gesellschaftsentwicklung, die den konkreten historischen Bedingungen eines stark unterentwickelten Landes entspricht. Diese Direktive ist auf die Überwindung der Unterentwicklung und die Schaffung der materiellen und ideologischen Grundlagen der sozialistischen Gesellschaft gerichtet.

In den Beschlüssen des III. Kongresses der FRELIMO nimmt die Staatsfrage einen zentralen Rang ein. Ihre Grundpositionen sind das Ergebnis einer schöpferischen Anwendung der allgemeingültigen Lehren des Marxismus-Leninismus über den Staat auf die Bedingungen des Kampfes in der volksdemokratischen Revolution Moçambiques.

Die Staatsauffassung der FRELIMO verbindet die allgemeinen Gesetzmäßigkeiten im Prozeß des Übergangs von der demokratischen zur sozialistischen Revolution mit den eigenen nationalen Erfahrungen bei der Bildung der ersten staatlichen Machtorgane in den befreiten Gebieten. Sie ist durch zunehmende marxistisch-leninistische Reife und bewußte Ausnutzung der Erfahrungen der sozialistischen Länder charakterisiert.

Im Bericht an den III. Kongreß der FRELIMO erklärte Samora Machel: „Die ersten Formen der Machtausübung der werktätigen Massen Moçambiques gab es während des bewaffneten Kampfes der nationalen Befreiung in den befreiten Zonen. Die Machtorgane verfolgten die Prinzipien der Demokratie, der breiten Teilnahme der Massen, ...“[1] Davon ausgehend orientierte der III. Kongreß der FRELIMO auf die Schaffung gewählter Machtorgane der Arbeiter und Bauern, der „Assembleia do Povo“ auf allen Ebenen des Staates. Es handelt sich hier um einen Typ revolutionärer Vertretungsorgane, in denen die von der FRELIMO geführten Arbeiter, Bauern und Angehörigen der Volksbefreiungsstreitkräfte die staatliche Macht ausüben. Die „Assembleia do Povo“ mobilisieren die Bevölkerung zur Steigerung der Produktion und zur schrittweisen Verbesserung der Lebensbedingungen, zur Hebung des Bildungsniveaus und zur Verteidigung der revolutionären Errungenschaften. 27 030 Abgeordnete in 1 027 Volksvertretungen des Landes haben erfolgreich begonnen, ihren aus dem bewaffneten Kampf hervorgegangenen Staat zu leiten. Es war eine bedeutende revolutionäre Aktion, 1977 die ersten Wahlen zu den Volksvertretungen durchzuführen.

Gegenwärtig finden wieder Wahlen zu den örtlichen Volksvertretungen statt. Entsprechend dem Reifegrad der gesellschaftlichen und staatlichen Entwicklung, dem gewachsenen Bewußtsein der Werktätigen, wurden die Bestimmungen des Wahlgesetzes weiterentwickelt und erstmalig die Wahlvorbereitung mit einer breiten Rechenschaftslegung der Abgeordneten eröffnet.

Der konsequente Kampf der FRELIMO-Partei für die Bildung und Stärkung des einheitlichen Systems der Volksvertretungen als Grundlage der Macht, für die Anwendung des Leninschen Prinzips des demokratischen Zentralismus in der Organisation und Tätigkeit des Staates, charakterisiert eine wesentliche Seite des aktuellen Prozesses der Staatsentwicklung in Moçambique. Die Zerschlagung des alten kolonialen Staatsapparates und der Aufbau des Staatsapparates neuen Typs werden als einheitlicher Prozeß verstanden und praktiziert, in dessen Mittelpunkt die Entwicklung der „Assembleia do Povo" steht.

Die FRELIMO-Partei geht von der Einheit der gewählten Machtorgane und des Staatsapparates aus. Sie verfolgt konsequent diesen Weg und errichtete den neuen Staatsapparat von oben nach unten bei gleichzeitiger Mobilisierung der Massen.

Aus dem bisherigen Prozeß der Staatsentwicklung läßt sich ableiten: Die „Assembleia do Povo" sind:

- gewählte Machtorgane der Arbeiter und Bauern unter Führung der FRELIMO-Partei;
- Organe des Klassenbündnisses der Arbeiter, Bauern, Angehörigen der Streitkräfte und anderer Werktätiger;
- arbeitende Körperschaften, die die Einheit von Beschlußfassung, Durchführung und Kontrolle verwirklichen und nach dem demokratischen Zentralismus aufgebaut sind;
- umfassende Organisationen der Massen, über die eine breite Teilnahme an der Leitung des Staates und der Gesellschaft erfolgt.

Auf örtlicher Ebene verläuft dieser Prozeß der Entwicklung der Volksvertretungen noch sehr unterschiedlich. Es kann dabei nicht übersehen werden, daß ca. 50 % der Abgeordneten noch Analphabeten sind.

Die Führung der FRELIMO-Partei geht stets von der Erkenntnis aus, daß der Aufbau eines volksdemokratischen Staates nur unter Führung der marxistisch-leninistischen Partei der Arbeiterklasse erfolgen kann. Sie charakterisierte die Partei als höchste politische Organisation und führende Kraft und die Staatsmacht als Hauptinstrument zur Verwirklichung der Politik der Partei.

Gegenwärtig haben sich folgende Formen der Verwirklichung der führenden Rolle der Partei im Staat herausgebildet:

- die Bildung aller neuen Staatsorgane erfolgt auf der Grundlage von Beschlüssen der FRELIMO. Die verantwortlichen Kader des Staatsapparates sind Mitglieder der FRELIMO bzw. müssen das Vertrauen der FRELIMO besitzen;[2]
- das ZK der FRELIMO-Partei bildet den Kern der Assembleia Popular und führt deren Tätigkeit;
- der Präsident der FRELIMO übt im Auftrage des ZK alle leitenden Funktionen des Staates aus;[3]
- bei den leitenden Partei- und Staatsfunktionen besteht im Prinzip Personalunion (Präsident, Gouverneure, Administratoren der Distrikte, Präsidenten der Städte und Administratoren der Gemeinden).

Es gibt keine staatliche Frage, die nicht auf der Grundlage von Direktiven der FRELIMO-Partei entschieden wird. Seit dem Jahr 1978, dem Jahr des Parteiaufbaus, werden Schritt für Schritt die Grundorganisationen der Partei im Staatsapparat aufgebaut.

Nachdem in den ersten Jahren der Festigung der zentralen Staatsorgane Priorität zuerkannt wurde, um die einheitliche staatliche Leitung der gesellschaftlichen Entwicklung zu sichern, begann die FRELIMO 1978 mit dem planmäßigen Aufbau eines einheitlichen Staatsapparates neuen Typs. Im April 1978 beschloß die Ständige Kommission der Assembleia Popular die gesetzlichen Grundlagen für die Bildung der örtlichen staatlichen Leitungsorgane auf Provinz-, Distrikt- und Stadtebene in Verbindung mit der Beseitigung alter kolonialer Strukturen in den Städten.

In den 10 Provinzen wurden Provinzregierungen geschaffen, die unter Leitung der Gouverneure die zentralen Beschlüsse und die Entscheidungen der Provinzversammlungen verwirklichen. Die Fachorgane der Provinzregierung sind doppelt unterstellt. Im Durchschnitt bestehen die Provinzregierungen aus 15 Mitgliedern. Aus der Mitte der Provinzregierung wurde ein Provinzrat gebildet, der die Aufgaben der Provinzregierung zwischen ihren Tagungen durchführt. Bei den Gouverneuren sind Provinzdirektionen für Unterstützung und Kontrolle gebildet worden. Sie wurden nur den Gouverneuren unterstellt und sind für die Probleme der Staatsorganisation, Kaderarbeit und Kontrolle der Tätigkeit aller Provinzdirektionen sowie der Betriebe und Institutionen verantwortlich. Diese Organe unterstützen auch die Distrikt- und Stadtexekutivräte bei der Festigung des Staatsapparates.[4]

Bei der Bildung des örtlichen Staatsapparates war in Mocambique zu berücksichtigen, daß die Städte eine besondere Leitungsstruktur aufwiesen. Unter dem portugiesischen Kolonialfaschismus wurden die Städte durch nichtgewählte Stadtkammern verwaltet. Sie waren für die städtischen Dienste und Einrichtungen verantwortlich. Diese Verwaltungsstruktur entsprach den Interessen der Kolonialmacht. Hier war der alte Beamtenapparat konzentriert. Die Abschaffung der Stadtkammern stellte einen komplizierten Prozeß dar. Ihre Zerschlagung mußte bei voller Sicherung der städtischen Dienstleistungen vorgenommen werden, um die Lebensbedingungen der Bevölkerung zu gewährleisten. Viele der alten Beamten wurden übernommen und müssen umerzogen werden. Solche Städte wie Maputo, mit einer Million Einwohnern, erfordern eine funktionstüchtige staatliche Leitung. Der große Kadermangel stellt die FRELIMO-Partei hier vor komplizierte Aufgaben.

Die besondere Situation in den Städten war deshalb im Februar 1979 Thema einer nationalen Konferenz über Städte und Gemeinschaftsviertel, wo die notwendigen Orientierungen und Beschlüsse beraten wurden. Die Bevölkerung der Städte wird in Gemeinschaftsvierteln (Bairro Comunais) organisiert und in die Leitung des staatlichen und gesellschaftlichen Lebens einbezogen. Die FRELIMO betrachtet die Gemeinschaftsviertel als Grundform der politischen Organisation in den Städten. Sie bewähren sich bei der Mobilisierung der Bevölkerung zur Erfüllung staatlicher Aufgaben. Die Gemeinschaftsviertel sind zugleich das Wirkungsfeld der gesellschaftlichen Organisationen unter Führung des FRELIMO-Komitees.

In der Mehrzahl der Distrikte wurden inzwischen die Exekutivkomitees (etwa Räte der Landkreise) gebildet. Diese Aktion führte zu einer Festigung der Staatsmacht im ganzen Lande.

Bei all diesen Maßnahmen ging die FRELIMO-Partei davon aus, daß der volksdemokratische Staat seinem Wesen nach eine revolutionär-demokratische Diktatur der Arbeiter und Bauern ist, unter der sich allmählich der Übergang zur Diktatur des Proletariats vollzieht.

Trotz der zahlenmäßig schwachen Arbeiterklasse Mocambiques läßt sich die FRELIMO von der objektiv notwendigen Führungsrolle der Arbeiterklasse im revolutionären Prozeß leiten. Sie fördert das Machtbewußtsein und die politische Aktivität der Arbeiterklasse in allen gesellschaftlichen Bereichen, besonders in den Betrieben. Der gegenwärtige Aufbau von Gewerkschaften wird diesen Prozeß wesentlich unterstützen.

Alle aktuellen Probleme und Tendenzen der Staatsentwicklung in Moçambique sind in den gesetzmäßigen Übergang der demokratischen in die sozialistische Revolution eingeordnet. Sie werden als notwendige Schritte in Richtung auf die Schaffung der materiellen und ideologischen Grundlagen des Sozialismus verstanden und permanent in das Bewußtsein der Massen gerückt.

Unter diesem Aspekt ist auch die bereits im Jahre 1978 vorgenommene Änderung der Verfassung aus dem Jahre 1975 zu sehen.

Die FRELIMO-Führung betrachtete den Aufbau des neuen Staatsapparates und die Festigung der „Assembleia do Povo" als erstrangige politische Frage und entscheidende revolutionäre Errungenschaft, die verfassungsmäßig verankert werden mußte.

Die Verfassungsänderung wurde mit einer öffentlichen Diskussion über den Aufbau des Staatsapparates verbunden, um das Staatsbewußtsein zu festigen. Sie war Ausdruck der veränderten gesellschaftlichen Verhältnisse und diente der weiteren Stärkung der führenden Rolle der FRELIMO, der Festschreibung der sozialistischen Orientierung und der Verankerung des Systems der Organe des Staates in der Verfassung.

Für die Periode der Staats- und Gesellschaftsentwicklung bis 1990 wurde die Aufgabe gestellt, die Unterentwicklung zu überwinden und die Volksrepublik Moçambique zu einem sozialistischen Staat mit einer relativ entwickelten Ökonomie zu gestalten.[5] Angesichts der objektiven und subjektiven Entwicklungsbedingungen ist das zweifellos eine außerordentlich komplizierte Zielstellung.

Was den weiteren Reifeprozeß der Staatsmacht betrifft, so ist zu beachten, daß unter Führung der marxistisch-leninistischen FRELIMO-Partei bewußt die Wesenszüge eines Staates der Diktatur des Proletariats ausgeprägt werden. Unter den Bedingungen Moçambiques bestehen hierfür günstige politisch-ideologische Voraussetzungen. Die Übergangsformen und -stufen zur Diktatur des Proletariats sind mannigfaltig. Es ist hier die Frage des Inhalts der Macht gestellt, ganz gleich in welcher Form. Kernfrage ist die Führungsrolle der Arbeiterklasse, vollzogen durch eine marxistisch-leninistische Partei. Die werktätigen Massen Moçambiques unterstützen diesen Prozeß durch hohe Aktivität und Disziplin. Die Führung der FRELIMO ist sich darüber klar, daß die Diktatur des Proletariats nicht einfach eingeführt werden kann, sondern daß es sich um einen gesetzmäßigen Prozeß der Staatsentwicklung handelt, der an objektive Bedingungen gebunden ist (politische Bewußtheit der Massen, insbesondere der Arbeiterklasse; Reifegrad der Partei; Festigkeit des Klassenbündnisses; Entwicklungsgrad der Produktionsverhältnisse auf der Grundlage des gesellschaftlichen Eigentums an den Produktionsmitteln u. a.).

Es ist für die Staats- und Rechtswissenschaft der DDR von großem Interesse, diese Staatsentwicklung in Ländern mit sozialistischer Orientierung sorgfältig zu analysieren und den schöpferischen Beitrag der regierenden Parteien bei der Anwendung der Leninschen Revolutionstheorie, insbesondere der in „Zwei Taktiken ..." entwickelten Staatsfrage in der demokratischen Revolution auszuwerten.

Die Übergangsformen zur Diktatur des Proletariats in Ländern sozialistischer Orientierung sind ein höchst aktuelles Problem staats- und rechtstheoretischer Forschung. Die Praxis dieser Länder bestätigt die Lebenskraft und Aktualität der marxistisch-leninistischen Staatslehre, ihre Allgemeingültigkeit, ihren Formenreichtum und ihre Ausdehnungsfähigkeit unter den differenziertesten Bedingungen.

Angesichts der massiven Versuche imperialistischer Ideologen, Einfluß auf die jungen Nationalstaaten zu gewinnen und den schöpferischen Gehalt der marxistisch-leninistischen Staatsauffassung zu leugnen und zu verfälschen, ist ein größerer Beitrag in Lehre und Forschung der Staats- und Rechtswissenschaft der DDR Gebot unserer Solidarität und Unterstützung für diese Länder.

Anmerkungen

1 Vgl. Bericht an den III. Kongreß der Frelimo, Dokumente der Frelimo, Maputo 1977.
2 Die führende Rolle der Partei im Staat ist Verfassungsprinzip, vgl. Art. 39 der Verfassung der VRM.
3 Vgl. Art. 53 der Verfassung der VRM.
4 Vgl. Gesetz über die Funktionen, Aufgaben, Zusammensetzung und die Arbeitsweise der Provinzregierungen, Lei Nr. 5/1978.
5 Vgl. Rede des Präsidenten Samora Machel: „Façamos de 1980–1990 a década da vitória sobre o subdesenvolvimento", Maputo 1979.

Stephan Friedländer

Zur Verfassungsentwicklung Indiens unter Britischer Kolonialherrschaft

Die innenpolitische Entwicklung in allen Staaten der südasiatischen Region trat Mitte der siebziger Jahre in eine neue Phase. In Indien, Pakistan, Sri Lanka und Bangladesh führten die Widersprüche des kapitalistischen Entwicklungsweges zu ernsthaften Krisen im politischen System der einzelnen Staaten, nahm die bürgerliche Klassenherrschaft neue Züge an.[1] Die Auseinandersetzungen zwischen den Fraktionen der Bourgeoisie um die politische Herrschaft blieb nicht ohne Einfluß auf das System der Machtausübung und seiner rechtlichen Grundlagen.[2] Innerhalb des staatlich-politischen Überbaus stellt sich die Frage nach dem Zusammenhang von politischer Instabilität und Verfassungsstruktur. Wesentliche Aspekte dieses Zusammenhanges entstanden mit der Herausbildung souveräner Staaten, dem Entstehen und der Entwicklung ihrer Verfassungen. Unter der Kolonialherrschaft Großbritanniens ist die staatliche Entwicklung in allen Ländern Südasiens entscheidend geprägt worden. Wichtigstes Ziel war dabei die Sicherung imperialistischer Interessen unabhängig davon, welche ernsthaften ökonomischen und politischen Folgen die Kolonialpolitik für die Völker heraufbeschwor. Auf die staatliche bzw. konstitutionelle Entwicklung wurde besonderes Augenmerk gelegt. Mit welchen Mitteln und Methoden in der kolonial beherrschten Region Britisch-Indien auf die Verfassungsentwicklung Einfluß genommen wurde, soll am Beispiel Indiens deutlich gemacht werden.

Nachdem die britische „East India Company" gegründet war, begann im 17. Jahrhundert die Kolonialisierung Indiens. Obwohl es sozialpolitische und rechtliche Institutionen bereits vorher gegeben hat, wird die Gründung der Company in der indischen Geschichtsschreibung allgemein als Beginn der eigentlichen Verfassungsgeschichte angesehen.[3] Neben den direkt von der Company unterworfenen Provinzen[4] wurden nach und nach die zahlreichen und untereinander in Rivalitätskämpfe verstrikten Fürstenstaaten[5] vertraglich an die Kolonialherren gebunden. Diese Bindungen erwiesen sich als wichtigste Stütze für die Aufrechterhaltung der Kolonialherrschaft. Während der revolutionären nationalen Aufstände Mitte des 19. Jahrhunderts stellte sich die Mehrzahl der Fürsten an die Seite der Kolonisatoren. 1858 wurde Indien offiziell zur britischen Kolonie erklärt und direkt der britischen Krone unterstellt, nachdem die koloniale Eroberung beendet und der Widerstand des Volkes vorerst gebrochen war.

Erwähnenswert ist die Tatsache, daß bis zum Eindringen der Engländer die soziale Struktur Indiens vor allem ihre Basis – die Dorfgemeinschaft – unversehrt geblieben ist. Diese einmalige und für die Entwicklung Indiens so bedeutende traditionelle Dorfgemeinschaft ist erst durch die englischen Kolonisatoren zerstört worden. Indem das Fundament der Struktur der altindischen Gesellschaft die Verbindung von Ackerbau und Handwerk zerbrochen wurde, vollbrachte der britische Kolonialismus, wie Marx es charakterisierte, „die größte, und in Wahrheit einzige soziale Revolution, die Asien gesehen."[6] Zugleich wurden materielle Grundlagen einer westlichen Gesellschaftsordnung geschaffen.[7] Entscheidende Auswirkungen auf die staatliche Entwicklung Indiens hatten die von der Kolonialmacht herbeigeführten äußeren Eingriffe:

- die Zerstörung der materiellen und Zerrüttung der sozialen Struktur des altindischen Dorfsystems – der festen Grundlage des orientalischen Despotismus;
- die Einführung von Privateigentum an Grund und Boden und somit die Herausbildung feudaler und halbfeudaler Verhältnisse auf dem Lande;
- die unter den Bedingungen der Kolonialherrschaft sich deformiert entwickelnden kapitalistischen Produktionsverhältnisse und ihrer Grundklassen;
- die Festigung der nationalen und politischen Einheit Indiens durch administrative Neuordnung in Verwaltung und Militär sowie wissenschaftlich-technische Neuerungen (beispielsweise in Transport und der Telegraphie);
- das Entstehen und Anwachsen politischer Massenbewegungen gegen die Kolonialherrschaft.

Das Jahr 1858 bedeutete einen Wendepunkt für die Verfassungsentwicklung Indiens, denn an Stelle der bisher herrschenden „East India Company" trat die britische Krone. Am System der Kolonialverwaltung gab es keine wesentlichen Änderungen. So blieb das koloniale Indien aus den direkt britisch verwalteten Provinzen und den etwa 600 durch Subsidarien-Verträge an die Kolonialherren gebundenen Fürstenstaaten bestehen. Die Machtübertragung auf die britische Krone bedeutete einen direkten Einfluß auf die Kolonialherrschaft von Parlament und Regierung Großbritanniens. Ein Staatssekretär im Rang eines Kabinettministers, dem ein 15 Personen umfassender Rat (India-Office) zur Seite stand, führte die Kolonialpolitik von London aus.

In Indien erhielt der Generalgouverneur das höchste Amt und nach 1877 sogar den Titel Vizekönig.[8] Ihm zur Seite standen Governors in den Provinzen sowie Collector Magistrates und Deputy Commissioners auf niederen Verwaltungsebenen. In allen wichtigen Fragen behielt sich letztlich das britische Parlament eine direkte Entscheidungs- und Kontrollbefugnis über Indien vor.

In der zweiten Hälfte des 19. Jahrhunderts nahmen die Unruhen in Indien zu, kam es zu organisierten Aufständen gegen die englischen Eindringlinge, verschärften sich spürbar die Widersprüche zwischen der Kolonialmacht und dem indischen Volk.[9] Die britische Regierung sah sich gezwungen nach Maßnahmen zu suchen, um der anwachsenden nationalen Befreiungsbewegung entgegenzutreten. Besondere Aufmerksamkeit schenkte die Kolonialmacht allen Möglichkeiten, die zu einer Spaltung der nationalen Befreiungsbewegung, zu einer Isolierung der aufsteigenden nationalen Bourgeoisie und Intelligenz von den Volksmassen sowie zu einer Verstärkung territorialer, sprachlicher und religiöser Differenzen unter der Bevölkerung führen konnten. Bedeutende Schritte in dieser Hinsicht bildeten politische Reformversprechen. Zu einer Zeit als die britische Regierung kaum noch die nationale Befreiungsbewegung auf lange Sicht zu unterdrücken imstande war und Forderungen nach Verfassungsreform, nach Selbstregieren immer stärker wurden, sah sich die Kolonialmacht gezwungen, konstitutionelle Forderungen auf die Tagesordnung zu setzen.[10] Im Vordergrund der gezwungenermaßen aufgeworfenen Verfassungsproblematik stand die Anpassung des Kolonialismus an die veränderten Bedingungen und die Sicherung seiner grundlegenden Interessen. Verschiedene Schichten der nationalen Befreiungsbewegung sollten gegeneinander ausgespielt und eine zunehmend antibritische Agitation unterdrückt werden. Zugleich aber plante die Kolonialmacht, Inder in die imperialistische Verwaltungsmaschinerie einzugliedern, damit u. a. der Schein gewahrt werden konnte, ein System von Reformen durchzuführen, das dann angeblich am Ende zur Selbstregierung führen sollte.[11]

Zu den wichtigsten Verfassungsreformen unter britischer Kolonialherrschaft zählten die „Morley-Minto-Reform" von 1909,[12] die „Montagu-Chelmsford-Reform" von 1919 und der „Government of India Act" von 1935. Sie enthalten einige jener für die britische Kolonialpolitik charakteristischen Aspekte, die wesentlich die konstitutionelle Entwicklung Indiens bestimmt haben. In der zweiten Hälfte des 19. Jahrhunderts begannen die Kolonialherren allmählich und systematisch, eine sorgfältig kontrollierte, untergeordnete Gruppe Inder innerhalb der kolonialen Verwaltungsmaschinerie einzusetzen. Neben der Vergrößerung der Zahl Beamter in ihrem Dienst war das Ziel dieser Maßnahme eine Art Vorbereitung auf die wiederholt gestellte Forderung von Vertretern der Befreiungsbewegung nach Selbstregieren. Nach 1861 (Indian Coucil Act) begann dieser Prozeß, indem auf Provinz-, Gemeinde-, Land- und Distriktebene eine schrittweise Teilnahme von Indern in den Räten der verschiedenen Verwaltungsstufen gebilligt wurde. Die Funktion jener Räte war jedoch unbedeutend. Entscheidungen über Finanzen oder Verwaltung waren nicht möglich. Gegen Beschlüsse der Räte konnte stets Veto seitens der britischen Machthaber eingelegt werden.

Mit Bekanntgabe der „Morley-Minto-Reform" (1909) sollte die Mehrheit der Mitglieder der gesetzgebenden Räte in den Provinzen und eine Minderheit im gesetzgebenden Rat des Generalgouverneurs[13] gewählt werden. Die Wählerschaft für den gesetzgebenden Rat des Generalgouverneurs wurde in drei Gruppen geteilt:

1. (General Electorates) aus den nichtnominierten Mitgliedern der Räte unterer Verwaltungsebene – einer indirekten Wählerschaft
2. (Class Electorates) aus den Mohammedanern und Grundbesitzern
3. (Special Electorates) aus den Aufsichtsbehörden, den Universitäten, den Handelskammern und aus Handels- und Geschäftskreisen.

Es bedarf an dieser Stelle keiner Erläuterung, daß eine solche Form des Selbstregierens bei der Mehrzahl der Befreiungskräfte auf Ablehnung stieß. Ist doch auf diesem Wege von den Briten eine politische Trennung von Hindus und Moslems vollzogen worden, was nicht ohne Auswirkungen auf die Zukunft bleiben sollte. Im Zusammenhang mit der „Morley-Minto-Reform" hob Nehru hervor: „Um sie (die Moslems – der Verf.) ist eine politische Barriere geschaffen worden, wodurch sie vom Rest Indiens isoliert wurden und den sich seit Jahrhunderten vollzogenen Prozeß des Zusammenlebens und der Gemeinschaft zunichte machte."[14] Mit der „Montagu-Chelmsford-Reform" (1919) wurde auf der Ebene der zentralen Gesetzgebung[15] ein Zweikammersystem mit dem Staatsrat (Oberhaus) und einer gesetzgebenden Versammlung (Unterhaus) errichtet. Die Mitglieder des Staatsrates wurden zur Hälfte ernannt.[16] Von den Vertretern im Unterhaus wurden 103 gewählt und 31 ernannt. Nach dem in den drei Wählergruppen eingeteilten, beschränkten Wahlrecht waren weniger als 1 Prozent der Bevölkerung wahlberechtigt (Zusammensetzung der gewählten Mitglieder: Handel – 4; Grundbesitz – 7; Europäer – 9; Sikhs – 2; Mohammedaner – 30; Nichtmohammedaner – 51).[17] Die Gesetzgebungskraft der beiden Häuser war begrenzt, da letztlich jedes Gesetz vom Generalgouverneur gebilligt werden mußte. Auf Provinzebene gab es eine entscheidende Veränderung im exekutiven Bereich durch die Einführung eines Systems, das als Diarchie bekannt wurde. Danach wurden die Ministerialbereiche geteilt. Die öffentlich gewählten indischen Minister unter Aufsicht der gesetzgebenden Versammlung bekamen solche Bereiche wie Gesundheitswesen, Erziehung, Bau öffentlicher Anlagen, Landwirtschaft, Industrieentwicklung oder örtliche Verwaltung übertragen (transferred departments). Dagegen erhielten die Minister unter Aufsicht des Governors die strategisch wichtigen Ämter wie Finanzen, Landeinnahmen, Kreditgebung, Verwaltung und Justiz, Polizei, Bewässerung u. a. (resserved departments).[18] Ähnlich wie die Stellung des Generalgouverneurs in der Zentralregierung war die der Governors in den Provinzen. Stets konnte gegen Gesetzesvorlagen Veto eingelegt werden. Ein Regieren blieb unter dem Diarchie-System unmöglich.

Erst 17 Jahre später kam es zur Ablösung der Verfassungsregelung von 1919 durch den „Government of India Act“ aus dem Jahre 1935. Dieses Gesetz bestand aus zwei Hauptteilen, einem föderativen und einem Provinzteil.[19] Erstmalig sollten die Provinzen Britisch-Indiens und die bis zu diesem Zeitpunkt formal autonomen und autokrat geführten indischen Fürstenstaaten in einer „Allindischen Föderation“ zusammengebracht werden.[20]

Allen progressiven Kräften war klar, daß ein politisch einheitliches und zentral verwaltetes Indien eine entscheidende Voraussetzung für eine nationale Entwicklung bedeutete. Allerdings bestand der Plan Großbritanniens in erster Linie darin, die Präsenz der hörigen Fürstenvertreter im Unter- und Oberhaus einer Föderation nutzen zu können, um der Opposition, dem Indischen Nationalkongreß als Hauptvertreter der nationalen Befreiungsbewegung, eine sich britischen Interessen unterordnende politische Kraft entgegenzusetzen, nicht aber eine politische Einigung Indiens. Jedwede souveräne Entscheidungsbefugnis sollte in letzter Instanz außerhalb des Landes beim britischen Parlament und seinen bevollmächtigten Vertretern bleiben, so auch die uneingeschränkte Herrschaft des Generalgouverneurs. Darin hätte nicht die geplante Einführung des Diarchie-Systems von der Provinz – auf die Zentralebene etwas ändern können.[21] Letztlich blieben alle Bereiche, die die Grundlagen der britischen Macht berührten, unantastbar.

Die eigentlichen wirklichen Veränderungen gab es in den Provinzregierungen. Für diesen Bereich traten die entsprechenden Teile des „Government of India Act“ von 1935 am 1. 4. 1937 in Kraft. In den wichtigsten Provinzen[22] bestand das Gesetzgebungsorgan von nun an aus zwei Kammern, ähnlich wie in der geplanten Zentralregierung. Das Diarchie-System wurde abgeschafft. An den Wahlen zu den gesetzgebenden Versammlungen waren 11 Prozent der Bevölkerung beteiligt. Es zeigte sich, daß innerhalb der sehr begrenzten Möglichkeiten die Minister in den Provinzministerien nützliche Aufgaben erfüllen konnten, obwohl die wichtigsten Angelegenheiten unter Kontrolle der Briten blieben. Ernsthafte Maßnahmen zur Verwirklichung des Selbstregierens konnten nicht auf dem Boden des „Government of India Act“ von 1935 durchgeführt werden.

Der Kampf um staatliche Selbstbestimmung als wichtigste Forderung der nationalen Befreiungsbewegung war nicht mehr aufzuhalten. Damit Indien eines Tages als größte koloniale Basis nicht völlig verloren geht, bemühte sich die britische Regierung zusehends um eine Übertragung der politischen Gewalt auf jene Kräfte und Verwaltungsbehörden in Indien, die ihr zur Wahrung der imperialistischen Interessen am geeignetsten erschien. Unter Berücksichtigung dieser Absicht kam es zur Entsendung der „Cripps Mission“[23] im Jahre 1942, nach deren erarbeiteten Konzeption erstmalig die Übertragung des vollständigen Dominion-Statuts[24] und die Errichtung einer zu wählenden verfassungsgebenden Körperschaft offizielles Regierungsprogramm in Großbritannien wurde. Nach dem Regierungswechsel 1946 an die Labour Party nahm die Verwirklichung des Dominion-Status konkretere Formen an. Noch im gleichen Jahr wurde eine Kabinett-Mission nach Indien entsandt, um mit den Fürsten, Governors, Ministerpräsidenten der Provinzen und den Führern der Opposition, den Vertretern der Kongreßpartei, der Moslemliga und anderer Organisationen separate Gespräche zu führen. Diese Kommission erließ eine Erklärung bestehend aus zwei Teilen:

1. Empfehlungen für die zukünftige Verfassung
2. Vorschläge zur Schaffung verfassungsgebender Organe sowie einer Interimsregierung.[25]

Der indischen Seite war nur die Möglichkeit der Annahme oder Ablehnung gegeben. Der Vorschlag für die Wahl der verfassungsgebenden Körperschaft beinhaltete eine Einteilung in drei Provinzregionen

- der Region mit Hindumehrheit;
- einer Nordwestregion mit Moslemmehrheit;
- einer Nordostregion mit Moslemmehrheit.[26]

Festgelegt war weiterhin, daß Beschlüsse von größerer allgemeiner Bedeutung der Übereinstimmung beider großen Konfessionen verlangen mußten. Damit ist faktisch die Trennung der Moslemregionen besiegelt worden, was die Zustimmung für eine Teilnahme an der verfassungsgebenden Versammlung bestätigte.[27]

Weitere wichtige Punkte der Kommissionserklärung waren:
- der Abschluß eines Vertrages mit der britischen Regierung über die Machtübergabe – als notwendige Bedingungen für die Gewährung der Souveränität an Indien;
- die Zustimmung der Fürstenstaaten über die Vertretung in der verfassungsgebenden Versammlung;
- Beibehaltung der Verfassung von 1935 während der Interimsperiode;
- Aufrechterhaltung der militärischen Besetzung durch die britischen Truppen während der Interimsperiode.

Die Errichtung einer Interimsregierung war gekennzeichnet von den offen zutage tretenden Spannungen zwischen den beiden dominierenden politischen Parteien, der Kongreßpartei und Moslemliga. Als politisches Sammelbecken von Hindus und Moslems standen beide Parteien in Opposition. Da es zu keiner Einigung der tragenden politischen Organisationen kam, die britische Regierung der Moslemliga ein absolutes Vetorecht über die Eingliederung unter einer gemeinsamen indischen Verfassung einräumte und bereits gesichert hatte, war de facto die Gründung Pakistans besiegelt.
Der Verfassungsplan von 1946 wurde von einer Reihe weiterer Merkmale bestimmt:
- Alle wichtigen Entscheidungen blieben einer nicht repräsentativen Körperschaft, deren Zusammensetzung und Verfahrensweise durch britischen Schiedsspruch bestimmt und ausgelegt wurde, überlassen.
- Die Zusammensetzung der verfassungsgebenden Körperschaft basierte auf indirekter Wahl durch eine Wählerschaft, die 11 Prozent der Bevölkerung ausmachte und auf einer unverhältnismäßig hohen Zahl von Fürstenvertretern.
- Es gab keine Vorkehrungen über eine Demokratisierung in den Fürstentümern, die rechtlich und diplomatisch unabhängige souveräne Staaten werden konnten.
- Ohne Beachtung der nationalen Selbstbestimmung verewigte die Einteilung in drei Zonen[28] die konfessionelle Spaltung.
- Die Einteilung in drei Zonen hatte unweigerlich eine Schwächung der Zentralregierung zur Folge, was sich nachteilig beispielsweise auf die Realisierung dringend notwendiger Wirtschaftsreformen auswirkte.
- Der Interimsregierung war nur ein Beiratsstatus für den Generalgouverneur übertragen und die Verfassung von 1935 blieb weiterhin Grundgesetz.
- Die Erarbeitung einer neuen Verfassung erfolgte unter dem Druck einer Militärokkupation, denn die militärische Besetzung blieb bestehen.
- Die Gültigkeit einer neuen Verfassung wurde abhängig von der Zustimmung der britischen Regierung gemacht, ausdrücklich vom Abschluß eines britisch-indischen Vertrages.

Damit der Grundcharakter einer neu entstehenden Verfassung bestimmt werden konnte, blieb die Kontrolle der Briten während der Interimsregierung erhalten. P. Dutt charakterisierte die Entwicklung folgendermaßen: „Er (der britische Imperialismus – der Verf.) hatte vielmehr mit seinem ganzen Einfallsreichtum und seiner jahrhunderte alten politischen Erfahrungen einen ausgeklügelten, komplizierten und gewagten Mechanismus geschaffen, mit dessen Hilfe er selbst noch hinter der offiziellen Kulisse einer indischen ‚Unabhängigkeit' weiter manövrieren und versuchen konnte, seine ökonomische und strategische Vorherrschaft im wesentlichen zu erhalten."[29]

Einen wichtigen Platz innerhalb dieses Manövrierens nahm die in offener Opposition gegeneinander befindliche politische Führung der beiden Konfessionen, der Hindus und der Moslems ein. Die britische Regierung erklärte, daß sie eine Verfassung, verabschiedet von einer verfassungsgebenden Versammlung, in der nicht alle Teile der Bevölkerung vertreten sind, nicht zulasse. Daraufhin folgte der „Mountbatten-Plan"[30], wodurch Maßnahmen für die Teilung Indiens und die rasche Machtübertragung auf verschiedene Regierungen in Form des Dominion-Status für unterschiedliche Teile eines gespaltenen Indiens festgelegt wurden. Diesem Plan, in separaten Staatsgebieten[31] jeweils getrennten verfassungsgebenden Versammlungen die Regierungsverantwortung zu übertragen, stimmten die Führungen der Kongreßpartei und der Moslemliga zu.[32] Die Stellung der Fürstenstaaten blieb offen. Ihnen sollte es freigestellt werden, sich dem einen oder anderen Staatsgebiet anzuschließen.

Die Teilung Indiens war u. a. dadurch gekennzeichnet, daß

- die Grenzen nicht nach sprachlichen, kulturellen oder nationalen, sondern nach religiösen Trennungen verliefen;
- große Minderheiten Andersgläubiger in den einzelnen Staatsgebieten verblieben;
- die religiöse Spaltung nicht nur staatlich vollzogen, sondern sich bis in die kleinsten sozialen Gruppen fortsetzte;
- ökonomische und politische voneinander abhängige landwirtschaftliche und industrielle Gebiete, Verkehrslinien, Bewässerungsanlagen u. a. voneinander getrennt wurden;
- die Übergabe der Regierungsverantwortung an zwei einander entgegengesetzte indische Regierungen latente Konflikte heraufbeschwor.

Noch im Jahre 1947 verabschiedete das britische Parlament den „Indian Independence Act". Danach wurden zwei Dominions[33] am 15. 8. 1947 die Regierungsgewalt übertragen. Bis zur Verabschiedung einer eigenen Verfassung bildete in beiden Dominions jeweils ein Generalgouverneur das Regierungsoberhaupt und der „Government of India Act" von 1935 blieb in Kraft.

Eindeutig war zu erkennen, wie der britische Imperialismus die indische Großbourgeoisie aus ihrer früheren, schwankenden, kompromißbereiten, halboppositionellen Rolle an der Spitze der Massenbewegungen des Volkes herausgehoben und sie in die Rolle des Juniorpartners des Imperialismus versetzt hat. Auf der Suche nach einem Verfassungssystem für Indien wurden die Sicherung ihrer politischen Macht und ihrer ökonomischen Interessen wichtigstes Kriterium. Gemeinsam, z. T. auch mit den alten feudalen und fürstlichen Elementen sollte der Ansturm progressiver Kräfte zurückgedrängt werden. Bereits mit Gründung der verfassungsgebenden Versammlung war die Klassenfrage schon entschieden. Doch innerhalb ihres Staatstyps mußten zahlreiche politische Faktoren und nationale Besonderheiten berücksichtigt werden. Dazu zählte vor allem die politische Ausrichtung der nationalen Befreiungsbewegung und der Erhalt ihrer Grundideale. Gleichzeitig mußte den Interessen der reaktionären feudalen und fürstlichen Vertreter entsprochen werden. Traditionen basierend auf Geburt, Religion, Gemeinschaft, Sitten und Gebräuchen mußten, wenn moderne Gesichtspunkte der Staatsführung verwirklicht werden sollten, durch solche Grundlagen wie beispielsweise einer allgemeinen Gesetzgebung oder Rechtsprechung teilweise zerstört werden.

Vorlage für die Erarbeitung der indischen Verfassung bildeten die Verfassungssysteme Großbritanniens und der USA sowie der „Government of India Act" von 1935. Auf dem Gewaltenteilungsprinzip basierend und föderativ organisiert, sicherte der indische

Verfassungsaufbau der nationalen Bourgeoisie die Zentralgewalt innerhalb der territorial neugegliederten, multinationalen Indischen Union. Feudale, nationalistische und regionalistische Autonomiebestrebungen konnten nach der Gründung Pakistans verhindert werden.[34] Die nationale Bourgeoisie übernahm jene Teile der alten Verwaltungsstruktur, die ihren Interessen nach gesamtnationaler Ausbeutung nicht im Wege standen.

Ohne an dieser Stelle auf den bürgerlichen Herrschaftsmechanismus in Indien einzugehen, blieb dieser über einen längeren Zeitraum als in den Nachbarstaaten in seinem Grundaufbau unverändert. Es wird auch dort nicht zuletzt an den umfassenden Verfassungsänderungen und den Regierungskrisen der letzten Jahre deutlich, welche Schwierigkeiten die jungen Nationalstaaten unter ihrer doch stark von der Kolonialmacht geprägten Verfassungsstruktur besitzen, die Grundprobleme in ihrem Land zu lösen.

Anmerkungen

1 Jahrbuch Asien-Afrika-Lateinamerika, Berlin 1979, S. 70.

2 In Indien kam es zu umfassenden Verfassungsänderungen, insbesondere seit 1976. Sri Lanka erhielt 1978 mit Einführung der Präsidialherrschaft eine neue Verfassung. Das pakistanische Grundgesetz ist faktisch seit dem Sturz Bhuttos im Jahre 1977 außer Kraft. Kurz nach der Einführung des Präsidialregimes in Bangladesh kam es zum Militärsturz. Die Parlamentswahlen im Juni 1979 führten zur erneuten Einführung eines Präsidialregimes.

3 Suda, I. P., Indian Constitutional Development, Meerut 1966.

4 Bengal (Calcutta), Bombay und Madras, vgl., Johari, J. C., India Government and Politics, Delhi 1977, p. 36.

5 Naresh Chandra Roy, Federalism and Linguistic States, Calcutta 1962, p. 134. Danach gab es noch 1947 562 Fürstenstaaten.

6 Marx, K., Die britische Herrschaft in Indien, MEW, Bd. 9, Berlin 1960, S. 132.

7 Marx, K., Die künftigen Ergebnisse der britischen Herrschaft in Indien, MEW, Bd. 9, Berlin 1960, S. 221.

8 Reintanz, G., Der Staatsaufbau der Indischen Union, Berlin 1957, S. 10.

9 Aggarawala, R. N., National Movement and Constitutional Development of India, Delhi 1973 und Domin, D. India in 1857–59, Berlin 1977.

10 Seit Gründung des Indischen Nationalkongresses im Jahre 1885 standen stets Forderungen nach Verwaltungs- und Verfassungsreformen und später nach „Selbstregieren" an vorderster Stelle der Parteiprogramme. Vgl. Aggarawala, R. N., a. a. O., p. 42.

11 Dutt, P., Indien heute, Berlin 1951, S. 505.

12 Unter dem Generalgouverneur Lord Minto und dem britischen Staatssekretär für Indien, John Morley, trat 1909 der „Indian Council Act" in Kraft. Unter dem Genrealgouverneur Lord Chelmsford und dem britischen Staatssekretär für Indien, Montagu, trat der „Government of India Act" 1919 in Kraft.

13 Die Zahl der Mitglieder wurde von 16 auf 60 erhöht. Davon wurden 27 Mitglieder durch eine in drei Gruppen geteilte Wählerschaft wie folgt gewählt:
5 durch Moslems
6 durch Grundbesitzer
1 durch mohammedanische Grundbesitzer
2 durch Handelskammer in Bengal und Bombay.
13 Mitglieder wurden durch nichtnominierte Mitglieder der Gesetzgebenden Räte in den 9 Provinzen gewählt. Vgl. Aggarwala, R. N., a. a. O., p. 65.

14 Zit. bei Narinder Mehta, Indian Political System, Jullundur 1978, p. 66.

15 Räte bei den Provinz-Governors und beim Generalgouverneur.

16 Zusammensetzung des Staatsrates, vgl. Johari, J. C., Indian Government and Politics, Delhi 1977, p. 51.

17 Ebenda, p. 52.

18 Vgl. Mehta, Narinder, a. a. O., p. 70.

19 Nach Puri, S. K. war der „Government of India Act" von 1935 mit 451 Klauseln und 15 Verzeichnissen im Anhang das komplizierteste Dokument, was bis zu diesem Zeitpunkt vom britischen Parlament jemals verabschiedet wurde. Puri, S. K., a. a. O., 202. Vgl. auch Extracts from Go-

vernment of India Act, 1935, in: Banerjee, A. C., Indian Constitutional Documents, Vol. IV, Calcutta 1965, pp. 1–64.

20 Dieser Teil des Gesetzes trat nicht in Kraft.

21 Ähnlich wie unter der „Montagu-Chelmsford-Reform" sollten die strategisch wichtigsten Exekutivbereiche in der Zentralregierung den Ministern zugesprochen werden, die unter direkter Aufsicht des Generalgouverneurs standen.

22 Assam, Bengal, Bihar, Bombay, Madras. U. P. (United Provinces).

23 Vgl., The Cripps Proposals, 1942, in: Banerjee, A. C., Indian Constitutional Documents, a. a. O., pp. 152–175.

24 Zur Problematik des Dominion-Status vgl. Mardek, H., Die Überwindung des Dominion Status und die Herausbildung einer nationalen demokratischen Staatsmacht im Prozeß der Weiterführung der nationalen Befreiungsbewegung, Staat und Recht, Heft 3/1964, S. 584.

25 Vgl. Statement by the Cabinet Mission and the Viceroy, May 16, 1946, in: Banerjee, A. C., Indian Constitutional Documents a. a. O., pp. 213–227, auch bei Dutt, R. P., Indien heute, a. a. O., S. 614/615.

26 Ebenda.

27 Vgl. Resolution of Congress Working Committes, June 26, 1946, und Resolution of Muslim League Council, June 6, 1946, in Ebenda, pp. 227–232.

28 Eigentlich 4 Zonen: eine Zone mit Hindumehrheit, zwei Zonen mit Moslemmehrheit und eine Zone der Fürstenstaaten.

29 Dutt, R. P. Indien heute, a. a. O., S. 621.

30 The Mountbatten Plan, June 3, 1947, in: Banerjee, A. C., Indian Constitutional Documents, a. a. O., pp. 283–290.

31 Nordwestpakistan, Nordostpakistan, Indische Union und Fürstenstaaten.

32 Dutt, R. P. a. a. O., S. 628/629, Broadcast Speech of Pandit Nehru and Mr. Jinnah, June 32, 1947, in: Banerjee, A. C., Indian Constitutional Documents, a. a. O., pp. 293–299.

33 The Indian Independence Act, July, 1947, in: Banerjee, A. C., Indian Constitutional Documents, a. a. O., pp. 300–321.

34 Jung, R. D., Zum Verlust der Macht und Privilegien feudaler Herrscher, in: Politik und Ideologie im gegenwärtigen Indien, Berlin 1976, S. 201–218.

Ingo Schönfelder

Zur Bildung eines palästinensischen Nationalstaates – die Konzeption der PLO

Das Wirken von über 100 national befreiten Staaten belegt in unserer Epoche des Übergangs vom Kapitalismus zum Sozialismus nachhaltig den Siegeszug der nationalen Befreiungsbewegung in den Ländern Asiens, Afrikas und Lateinamerikas. Die Reste des imperialistischen Systems offener Kolonialherrschaft haben sich als Relikte der Geschichte diskreditiert. Das internationale Monopolkapital sieht sich in seinem Drang nach Ausdehnung und Vorherrschaft nicht mehr nur allein durch die Staaten des real existierenden Sozialismus eingeschränkt.

Ebenso wie die Mehrheit der kolonialen Länder haben auch alle arabischen Völker ihre staatliche Selbständigkeit errungen – ausgenommen die Palästinenser. Trotz der Eingliederung des arabischen Volkes von Palästina in den mächtigen Strom der nationalen Befreiungsbewegung wird ihm sein Recht auf Selbstbestimmung nach wie vor von den aggressivsten Kräften des Imperialismus, den regierungsamtlichen Zionisten in Israel und der arabischen Reaktion vorenthalten. Historische wie aktuelle Momente haben dazu geführt, daß die Gründung eines palästinensischen Staates zu einem Schlüsselelement für die komplexe Lösung des Nahostkonflikts, dem Kristallisationspunkt der in und um den Nahen Osten geführten Klassenkämpfe, avancierte. In diesem Kontext und angesichts der Verhandlungen über eine „Verwaltungsautonomie für dic palästinensische Bevölkerung auf dem Westjordanufer und im Ghaza-Streifen im Rahmen der Camp-David-Vereinbarungen 1978 und des Separatfriedens zwischen Ägypten und Israel vom 26. März 1979[1] erscheint es sinnvoll, die Konzeption der PLO zur Bildung eines palästinensischen Nationalstaates näher zu betrachten.

Die internationalen Dimensionen der Palästinafrage, ihre enge Verzahnung mit dem Nahostkonflikt, bewirken zwangsläufig, daß die Strategie und Taktik der PLO durch eine Vielzahl von Faktoren beeinflußt wird. Aus historischer Sicht sei bezüglich der Gründung eines palästinensischen Staates auf folgende Aspekte verwiesen.

Der Kampf um die Bildung eines palästinensischen Staates setzte bereits Dezennien vor der Gründung der PLO im Jahre 1964 ein. Er begann während des ersten Weltkrieges mit der Entstehung des Palästinaproblems als kolonialer und nationaler Frage. Unmittelbar nach dem Zerfall des Osmanischen Reiches stand dabei die Unabhängigkeit Palästinas als Bestandteil Syriens im Vordergrund. Mit der offiziellen Bestätigung des britischen Palästina-Mandats am 14. Juli 1922 durch den Völkerbund konzentrierte sich die Befreiungsbewegung jedoch zunehmend auf die Forderung nach politischer Eigenständigkeit des durch die koloniale Grenzziehung der 20er Jahre unseres Jahrhunderts geschaffenen Mandatsgebietes. Seit dem prägt dieses ca. 27 000 km^2 (10 435 Quadratmeilen) große Territorium die neuzeitliche Begriffsbestimmung der internationalen Völkergemeinschaft von Palästina als geographischer Einheit.

Während des knapp 30jährigen Kolonialregimes entwickelte sich die Forderung nach Beendigung des Mandats und Erringung der staatlichen Selbständigkeit zum Kernpunkt des politischen Programms aller Fraktionen der Befreiungsbewegung der Palästina-Araber. Das galt für die kommunistische Partei und die Hizb alistiqlāl (Unabhängigkeitspartei) ebenso, wie für die seit 1936 im „Arabischen Hochkomitee" zusammengeschlossenen Organisationen. Bedingt durch die Spezifik der Mandatspolitik Großbritanniens bestimmten dabei zwei untrennbare Komponenten die Unabhängigkeitsbestrebungen: die antikoloniale und die antizionistische.

Zur Wahrung seiner kolonialen Interessen war der britische Imperialismus nach der berüchtigten Devise des „divide et impera" schon 1917 ein Bündnis mit dem politischen Zionismus eingegangen, dessen Ziel in der Schaffung einer nationalen Heimstätte in Palästina für das jüdische Volk[2] bestand. Die darauf beruhende anglo-zionistische Einwanderungs- und Siedlungspolitik hatte nicht nur zur Folge, daß sich der Anteil der Einwohner Palästinas jüdischen Glaubens von weniger als 8 Prozent der Gesamtbevölkerung zur Zeit des ersten Weltkrieges auf 31 Prozent im Jahre 1944 erhöhte.[3] Zugleich bewirkte der zionistische und angloamerikanische Kapitalzustrom, daß der kapitalistisch orientierte weitestgehend autarke jüdische Wirtschaftssektor sich dem feudal geprägten arabischen überlegen erwies und gegen Ende des zweiten Weltkrieges ca. 60 Prozent des Nationaleinkommens Palästinas produzierte.[4]

Trotz teilweise gemeinsamer sozialer Interessen an der Beseitigung des Kolonialstatus verhinderte die Allianz von Kolonialismus und Zionismus eine Verständigung der arabischen und jüdischen Gemeinschaften über nationale und religiöse Schranken hinweg. Das führte u. a. dazu, daß Vorstellungen der kommunistischen Partei, von linkszionistischen Vertretern wie Martin Buber und Judah Magnus oder eines Fauzi al-Husainis über die Errichtung eines binationalen, unabhängigen Palästinastaates ohne Massenwirkung blieben.

Nach dem zweiten Weltkrieg sah sich Großbritannien gezwungen, am 2. April 1947 sein vom Völkerbund erhaltenes Palästinamandat mit dem Eingeständnis einer gescheiterten Kolonialpolitik an die Vereinten Nationen zurückgegeben. Konfrontiert mit den Realitäten einer jahrzehntelangen Kolonialpraxis und der sich daraus ergebenden bürgerkriegsähnlichen Situation in Palästina einerseits, den Auswirkungen der nazistischen Judenprogrome und der imperialistischen Dominanz in der Weltorganisation andererseits, entschied sich die Mehrheit der UNO-Mitgliedsstaaten am 29. November 1947 mit der Res. 181 (II.) für eine Dreiteilung des Mandatsgebietes.[5] Auch die Sowjetunion, anfangs für eine föderative Variante plädierend, stimmte der Teilungsresolution zu, die im Rahmen einer Wirtschaftsunion die Bildung eines arabischen Staates auf 42,8%, eines jüdischen Staates auf 56,4% und einer internationalen Zone von Jerusalem auf 0,65% des Territoriums vorsah.[6]

Durch diesen Lösungsvorschlag wurden maximalistische Forderungen der zionistischen Bewegung auf Gesamtpalästina ebenso zurückgewiesen, wie der vom „Arabischen Hochkomitee" artikulierte Anspruch auf einen unabhängigen palästinensischen Einheitsstaat. Während jedoch progressive jüdische Kräfte der Empfehlung aus friedenserhaltenden Gründen zustimmten und die zionistische Bewegung sie als unvermeidbare Zwischenetappe auf dem Wege zu einem imaginären Eretz Israel akzeptierte, lehnte die arabische Seite, einschließlich der sieben Gründungsmitglieder der Liga der Arabischen Staaten, den Teilungsbeschluß strikt ab.

Am 14. Mai 1948, dem Tag der formellen Beendigung des Mandats, erfolgte die Proklamation Israels. Die bürgerkriegsähnlichen Auseinandersetzungen in Palästina erweiterten sich zum Krieg zwischen dem neu entstandenen Staat und seinen arabischen Nachbarn. Der erste Nahostkrieg, die Geburtsstunde des Nahostkonflikts, endete mit Waffenstillstandsabkommen zwischen Israel und Ägypten, Libanon, Jordanien sowie Syrien im Jahre 1949.[7] Sie besiegelten eine Niederlage der arabischen Seite auf Kosten des arabischen Volkes von Palästina. Israel kontrollierte nunmehr 77,4 % der vom UN-Plan erfaßten Territorien, einschließlich der westlichen Stadtteile von Jerusalem. 750 000 Zwangsvertriebene bildeten den Grundstock des Flüchtlingsproblems. Der dezimierte Ghaza-Streifen wurde unter ägyptische Verwaltung gestellt. Das Westjordanufer annektierte der jordanische Haschemitenkönig Abdallah.

Nicht bereit, die vom Kolonialismus und Zionismus geschaffenen Realitäten anzuerkennen, hatte die feudale palästinensische Führung eine Staatsgründung neben Israel ausgeschlagen. Nach der Niederlage im ersten Nahostkrieg wollte sie, in der Hoffnung auf eine spätere Liquidierung des israelischen Staates, ihre Klasseninteressen im Verband arabischer Monarchien gewahrt wissen. Im Ergebnis dessen schien es, als ob das vom Imperialismus und der arabischen Reaktion abgesegnete israelisch-haschemitische Vorgehen, unter fleißiger Propagierung einer Assimilation der Flüchtlinge in bestehende arabische Staaten, die Frage nach einem palästinensischen Staat aus dem Nahostkonflikt ausklammern und den nationalen Ausverkauf des arabischen Volkes von Palästina festschreiben könne.

Auf diesem historischen Hintergrund kam es in den sechziger Jahren zu einer Wiedergeburt der palästinensischen Nationalbewegung. Im Verlaufe dieses Prozesses ging es um die Neubestimmung des Selbstbestimmungsrechts des arabischen Volkes von Palästina, um die Geltendmachung, die internationale Anerkennung und Durchsetzung seiner nationalen Rechte unter den veränderten Bedingungen. Zum Exponenten der Befreiungsbewegung profilierte sich dabei in den 16 Jahren ihres Bestehens die „Munazzamat attahrir al-filastinīya" (Palestine Liberation Organisation – PLO). Als Dachorganisation vom Typ einer nationalen Einheitsfront kann sie gegenwärtig als einziger politischer Repräsentant für sich in Anspruch nehmen, die Gesamtinteressen des arabischen Volkes von Palästina zu vertreten. Über Sitz und Stimme verfügen nicht nur die gewichtigsten Widerstandsorganisationen wie Fath, as-Saiqa, die Volksfront und die Volksdemokratische Front zur Befreiung Palästinas sondern auch die palästinensische Massen- und Berufsorganisationen sowie Einzelpersönlichkeiten.

Als Dachorganisation obliegt der PLO, allen maßgeblichen politischen und sozialen Fraktionen dieses Bündnisses Rechnung zu tragen. Insofern unterlag und unterliegt auch ihr Programm zur Bildung eines Nationalstaates den inneren Klassenauseinandersetzungen um die geeignetsten Wege, Mittel und Methoden zur Verwirklichung der palästinensischen Selbstbestimmung. Bislang erfolgte die Entwicklung ihres diesbezüglichen Konzepts in drei Phasen.

In ihrer Gründungsphase von 1964 bis 1968 stellte die PLO eine von der Arabischen Liga abhängige bürokratische Präsenzkörperschaft ohne echte Massenbasis dar. Ihren vorwiegend bourgeoisen und feudal-religiösen Führungskräften ging es nach Jahren der Unterdrückung, des Flüchtlingsdaseins, der Lethargie aber auch der Selbstbesinnung unter dem Aspekt der palästinensischen Identität, oft auch als „al-Kiyan al Filastini" gefaßt, vor allem um die nationale und organisatorische Eigenständigkeit der palästinensischen Nationalbewegung. Die Aufgabenstellung der PLO, „die Bewohner Palästinas zu einer aktiven, nationalpatriotischen Kraft zu entwickeln",[8] stieß bei einigen Mitgliedsländern der Arabischen Liga auf Skepsis und Mißtrauen. Sie konnten dadurch weitestgehend paralysiert werden, daß die Repräsentanten um Ahmad aš-Šuqairī den Wünschen einzelner Staaten, insbesondere Jordaniens, entgegen kamen und die strategische Zielbestimmung der PLO mit extremistischen Forderungen koppelten.

Die Zielbestimmung erfolgte mit dem Begriff „Befreiung Palästinas" in der Nationalcharta von 1964.[9] Die strategische Reichweite dieser Formulierung wird in der Zusammenschau mit weiteren Passagen des Gründungsdokuments der PLO sichtbar. So definiert Art. 2 Palästina in den Grenzen des britischen Mandats als unteilbare territoriale Einheit; Art. 17 bezeichnet den UN-Teilungsplan von 1947 und die Gründung des Staates Israel als illegal und in Art. 24 verpflichtet sich die PLO, keine territoriale Souveränität über das Westufer des Haschemitischen Königreichs von Jordanien, den Ghaza-Streifen oder das Himmah-Gebiet auszuüben. Damit aber bezog sich der Terminius Befreiung in der Interpretation von 1964 ausschließlich auf jenen Teil Palästinas, über den Israel zu diesem Zeitpunkt seine staatliche Souveränität ausübte.

Die Begriffsbestimmung von der Befreiung Palästinas unterlag im Juli 1968 mit der Revision der Charta einer Veränderung.[10] Im Ergebnis der Aggression Israels 1967 und auf Druck der Widerstandsorganisationen wurde Art. 24 ersatzlos gestrichen. Zum heute noch formal gültigen Programmpunkt der PLO wurde die Befreiung Gesamtpalästinas in den Grenzen des ehemaligen Mandats erhoben. Explizite schließt diese Orientierung die Liquidierung der zionistischen Präsenz in Palästina (Art. 15) ein.

Die zweite Phase setzte mit der Übernahme von Schlüsselpositionen in der PLO durch Vertreter der einflußreichsten Widerstandsorganisationen ein. Die seit dem 5. Nationalkongreß 1969 die Hegemonie in der palästinensischen Nationalbewegung ausübenden kleinbürgerlichen Kräfte hatten erkannt, daß die Losung von der Befreiung Palästinas relativ abstrakt war. Mit der Orientierung auf die Beseitigung des Staates Israel als tragendem Element enthielt sie vor allem eine destruktive Aussage und auch die Frage des Statuts Palästinas nach der angestrebten Befreiung ließ sie unbeantwortet. Aus diesem Grunde erklärte sich im Januar 1969 eine Fatha-Delegation zum ersten Male öffentlich für ein progressives, demokratisches und nichtkonfessionelles Palästina, in dem Christen, Muslims und Juden friedlich miteinander leben, arbeiten und gleiche Rechte wahrnehmen können.[11] Wenig später unterbreitete die von Nāyif Hawatmeh geleitete Demokratische Volksfront zur Befreiung Palästinas das Projekt eines volksdemokratischen Staates Palästina als untrennbarer Teil eines arabischen Föderativstaates.[12] Schließlich bekannte sich der 6. Palästinensische Nationalkongreß zu einem demokratischen Palästinastaat, frei von jeder Form religiöser und sozialer Diskriminierung.[13] Damit verlieh im September 1969 die PLO der Forderung nach staatlicher Selbständigkeit Programmcharakter.

Obgleich die Forderung nach einem unabhängigen Nationalstaat, die auch der jüngste Nationalkongreß vom Februar 1979 erneut bestätigte,[14] zum strategischen Ziel der PLO erhoben wurde, blieb sie in den eigenen Reihen nicht unwidersprochen bzw. unterliegt sie verschiedenen Interpretationen. So betont die Fatah beispielsweise den antiimperialistischen und antifeudalen Charakter des künftigen Palästinastaates und seine Bindung an allgemein-demokratische Grundrechte. Die PDFLP unter Nāyif Hawatmeh spricht von einem sozialistisch orientierten Staat und die PFLP unter Ǧūrǧ Habaš sieht die Lösung primär unter panarabischen Gesichtspuntken, die einen separaten Palästinastaat neben anderen arabischen Staaten letztlich erübrigen würde. Allen gemeinsam war jedoch die Auffassung, daß die Beseitigung des zionistischen Staates Israel eine unverzichtbare Vorbedingung bleibt.

Die dritte Phase wurde mit der Orientierung der 12. Nationalratstagung im Jahre 1974 auf die Errichtung einer kämpfenden, unabhängigen, nationalen Autorität des Volkes auf jedem Teilstück befreiten palästinensischen Bodens eingeleitet.[15] Unter dem Eindruck des schwarzen September 1970 in Jordanien, des Oktoberkrieges 1973 und in Auswertung der Erfahrungen im Kampf um die internationale Anerkennung der PLO soll damit ausgedrückt werden, daß bis zur Erreichung des Endziels künftig auch Zwischenstufen möglich bzw. nötig sind.

Mit der Formel von einer unabhängigen, nationalen Autorität, umgeht das Etappenprogramm zwar den Begriff Staat, aber faktisch dürfte es schwierig werden darunter etwas anderes als ein staatsähnliches Gebilde zu verstehen. Als Kompromißformulierung ist sie offensichtlich eine Konzession an die sogenannte Ablehnungsfront.[16] Während die Fatah, die as-Saiqa und die PDFLP einen palästinensischen Staat auf dem Westjordanland und dem Ghaza-Streifen als Übergangsstadium befürworten, sehen die PFLP und andere Widerstandsorganisationen in dieser kleinstaatlichen Variante (ca. 6000 km^2) einen möglichen endgültigen Ersatz für einen gesamtpalästinensischen Staat. Insofern versinnbildlicht die unscharfe Formel Widersprüche zwischen den sich um einen realistischen Standpunkt bemühenden Flügel in der PLO und den auf radikalen Positionen verharrenden Kräften.

Mit der Festlegung, daß die vorgesehene Autorität auf jedem Teilstück befreiten palästinensischen Bodens zu errichten ist, wird der Vorstellung Ausdruck verliehen, daß eine nationale Souveränität ausübendes palästinensisches Gebilde neben dem Staat Israel Existenzberechtigung besitzt. Damit wurde erstmals der Koexistenzgedanke in die Programmatik der PLO eingeführt. Er erschließt einer schrittweisen Lösung der Palästinafrage zweifellos neue Möglichkeiten.

Mit der Entscheidung für einen unabhängigen Nationalstaat befindet sich die PLO in Übereinstimmung mit einer für unsere Epoche typischen Entwicklungsform der menschlichen Gesellschaft. Sie schließt damit gegenwärtig andere mögliche Formen der Realisierung des Selbstbestimmungsrechts wie Konföderation, Föderation oder Autonomie aus. Da aber diese Option auf einer freien Willensäußerung der inneren Kräfte des arabischen Volkes von Palästina beruht, ist sie auch völkerrechtlich legitimiert. Durch die Tatsache jedoch, daß die Konzeption der PLO zum Territorium des angestrebten demokratischen Palästinastaates die Grenzen des ehemaligen Kolonialmandats erklärt, bleibt sie ihrem politischen und juristischen Gehalt nach widersprüchlich.

Einerseits ist sie gegen die Aggressionspolitik Israels gerichtet, in deren Folge große Teile Palästinas widerrechtlich okkupiert bzw. annektiert wurden. Insoweit ist sie eindeutig durch das Selbstbestimmungsrecht des palästinensischen Volkes legitimiert und findet die Unterstützung aller friedliebenden und progressiven Kräfte, einschließlich der Sowjetunion und der DDR. Andererseits aber negiert sie die territoriale Integrität des israelischen Staates und damit das Selbstbestimmungsrecht eines anderen Volkes. In diesem Punkt ist sie folglich ungerechtfertigt und darüber hinaus unrealistisch.

Gerade letztere Erkenntnis hat wesentlich dazu beigetragen, daß heute von mehreren Widerstandsorganisationen eine palästinensische Staatsgründung neben Israel befürwortet wird. Zu einer offiziellen Zurücknahme des seit 1968 durch die PLO erklärten Anspruchs auf Gesamtpalästina führte aber auch dieser Schritt nicht. Zumindest zwei Faktoren scheinen dafür verantwortlich zu zeichnen. Erstens weigern sich einige Fraktionen der Befreiungsbewegung strikt – unter Androhung ihres Austritts aus der PLO – auf die Forderung nach Befreiung Gesamtpalästinas zu verzichten. Zweitens ist eine de jure Anerkennung des Agressors durch seine Opfer nicht eher zu erwarten und wohl auch nicht zumutbar, als bis Israel selbst seine Bereitschaft zur Anerkennung der PLO und damit zur Änderung seiner bisher das Selbstbestimmungsrecht des palästinensischen Volkes mißachtenden Haltung zu erkennen gibt. Da aber diese Bereitschaft Israels im Nahostkonflikt eingebettet liegt, werden weitere konzeptionelle vor allem aber praktische Schritte zur Bildung eines palästinensischen Nationalstaates nur im Kontext mit der Lösung dieses Konflikts möglich.

Anmerkungen

1 Texte der Abkommen in: Archiv der Gegenwart v. 28. September 1978, S. 22 070 und v. 21. April 1979, S. 22 528.

2 Formulierung der vom 2. November 1917 dadierten Balfour-Deklaration; vgl., Marcus, E., Palästina – ein werdender Staat, Leipzig 1929, S. 261; Robbe, B., Die Balfour-Deklaration von 1917, in: horizont, Berlin, Nr. 46/1977, S. 28.

3 Vgl., Hadawi, S., Palestine in focus, Beirut 1968, S. 27.

4 Brönner, W., Der Nahost-Konflikt und die Palästina-Frage, Frankfurt/Main 1979, S. 42/43.

5 Musallam, S., United Nations Resolution on Palestine 1947–1972, Beirut 1974, S. 4.

6 John, R., Hadawi, S., The Palestine Diary, vol. II, 1945–1948, Beirut 1970, S. 271.

7 Vgl., The Arab-Israeli Armistic Agreements February–July 1949, Beirut 1967.

8 Aš-Šuqairī, A., Min al-gimma ilā al-hazima (Vom Gipfel zur Niederlage), Beirut 1971, S. 16.

9 Text der „Palästinensischen Nationalcharta" v. 2. Juni 1964 in: Darstellungen zum Palästinaproblem, Beirut 1968, S. 361.

10 Text der revidierten Fassung der „Palästinensischen Nationalcharta" vom 17. Juli 1968, in: International Documents on Palestine 1968, Beirut 1971, S. 393.

11 Vgl., Rasheed, M., Towards a Democratic State in Palestine, Beirut 1970, S. 11.

12 Draft Resolution submitted by the Popular Democratic Front for the Liberation of Palestine at the sixth session of the Palestine National Concil concerning a Popular Democratic Solution for the Palestine Problem, in: International Documents on Palestine 1969, Beirut 1972, S. 777.

13 Political Statement issued by the sixth Palestine National Assembly, in: International Documents on Palestine 1969, a. a. O., S. 779.

14 The Programm of National Unity, in: Palestine, Beirut, vol. 5, No. 2/1979, S. 16.

15 Punkt 2 des zehn Punkte umfassenden Programms der 12. Nationalratstagung, in: The Arab World Weekly, Beirut, v. 15. Juni 1974, S. 14.

16 Der „Ablehnungsfront" – ein Begriff, der im Zusammenhang mit der ablehnenden Haltung einiger Widerstandsorganisationen gegenüber den Genfer Friedensgesprächen 1973 geprägt wurde – werden zugeordnet: die PFLP, die PFLP-GC, die PPSF und die ALF. Vgl., Muslih, M. Y., Moderates and Rejectionists within the Palestine Liberation Organisation, in: The Middle East Journal, Washington, Vol. 30, No. 2/1976, S. 127.

Hans-Georg Ebert

Einige Aspekte der Staatsauffassung Khomeinis und ihre Widerspiegelung in der Verfassung der Islamischen Republik Iran

Als zu Beginn des Jahres 1978 in Qom und Tabriz machtvolle Demonstrationen zum Sturz des Schah-Regimes ausbrachen,[1] setzte das iranische Volk das Signal zu einem neuen Abschnitt seiner Geschichte. Unter Führung von Ayatollah Khomeini, dem de facto höchsten schiitischen Würdenträger des Landes, kämpften Millionen Iraner für die Zerschlagung des Imperialismus-hörigen, korrupten und terroristischen Kaiserreiches des Muhammad Reza und für die Herstellung demokratischer, antimonopolistischer, antiamerikanischer und antiimperialistischer Verhältnisse. Weder die bis an die Zähne bewaffnete Armee des Schah, weder der Geheimdienst SAVAK noch die bis zuletzt tätige Unterstützung der Pahlawi-Dynastie von seiten der USA vermochten zu verhindern, daß das Land innen- und außenpolitisch neue Akzente setzt.[2] Mit der offiziellen Verkündung der Islamischen Republik Iran am 1. April 1979 stand vor der Revolutionsführung die dringende Aufgabe, die Neuformierung des Staates und dessen rechtliche Sanktionierung in Angriff zu nehmen. Die formal gültige Verfassung von 1906/1907[3], vom Schah unterhöhlt und unbrauchbar geworden, mußte durch eine neue ersetzt werden, die der veränderten Situation Rechnung trug und gleichzeitig Mittel zur Umgestaltung war. Der Inhalt eines derartigen grundlegenden Gesetzes erklärt sich aus den Charakteristika und Spezifika der Volksrevolution und ist in starkem Maße von den Absichten und Zielen der Führer der revolutionären Bewegung in Iran abhängig.

Aufgrund der objektiven Bedingungen in der iranischen Gesellschaft und einiger subjektiver Faktoren konnte die schiitische Geistlichkeit um Ayotollah Khomeini die Führung der Revolution übernehmen. Etwa 98 % der 35 Millionen Iraner bekennt sich zum Islam, davon etwa 90 % zur schiitischen Richtung.[4] Nach Schätzungen sollen ca. 180 000 Mullas in mehr als 80 000 Moscheen[5] und den zahlreichen Koran-Schulen tätig sein – jedoch nicht als hierarchisch organisierte Priesterschaft, sondern als eine Gemeinschaft, die durch den gemeinsamen Glauben an Allah und seinen Propheten, durch die Autorität bei den Volksmassen aufgrund theologischen und religiös-rechtlichen Wissens sowie durch Toleranz unterschiedlicher islamisch-schiitischer Lehrmeinungen gekennzeichnet ist.

Der vom Schah im Jahre 1963 durch die sogenannte „Weiße Revolution" initiierte bürgerliche Transformationsprozeß potenzierte die ohnehin existierenden sozialen Widersprüche, so daß die islamische Geistlichkeit die wachsende Unzufriedenheit breiter Kreise der Bevölkerung zur Aufwertung der eigenen Position nutzen konnte und zum praktischen Organisator des Kampfes wurde.[6]

Die islamischen Theologen – Sunniten und Schiiten – haben mit mehr oder weniger Sinn für die politische Realität stets versucht, das allgemein-akzeptierte theokratische Staatsmodell des Propheten sowie die Praxis der ersten vier Kalifen bzw. der Imāme als Vorbild einer zu errichtenden Gesellschaft auf die jeweilige Zeit zu übertragen. Dabei bildet das islamische Gesetz – die sharī'a – das theoretische Fundament. Aufgrund der Nichtexistenz einer religiös-verbindlichen Entscheidungsinstitution auf gesamtmuslimischer Ebene ähnlich der des Papstes im Katholizismus oder wie im Falle Iran relevant, in bezug auf eine Richtung des Islam, lassen sich lediglich bestimmte Auffassungen des einen oder anderen Gelehrten zum Staat analysieren, ohne daß diese für jeden einzelnen mehr als eine Denkanregung darstellen. Dennoch ist nicht zu übersehen, daß einige Geistliche ein solches Maß an theologischem Wissen und politischer Autorität besitzen, daß deren Meinung zumindest für einen Teil der úlamā' als verbindlich angesehen wird.

Khomeini entwickelte auf der Basis des schiitisch-islamischen Verständnisses der Gesellschaft Anfang der 70er Jahre in seinem irakischen Exilort Najaf eine Staatskonzeption, die sein theologisches Hauptwerk werden sollte. In sechs Bänden erläuterte er die bereits zuvor in seinen Vorlesungen am gleichen Ort verkündeten Gedanken zum Verhältnis von Politik und Religion, von geistlicher und weltlicher Macht.[7] Unter dem Titel „hokūmat-e islamī[8] legte Khomeini seine Auffassung zur Stellung der Mullas im Staat nieder, versucht er theoretisch die These von der Führungsrolle der Geistlichen in der islamischen Gesellschaft zu untermauern.[9]

Ausgangspunkt seiner Betrachtungen ist – in Übereinstimmung mit der islamisch-schiitischen Lehre insgesamt – die Idealisierung und Glorifizierung des Staatswesens von Muhammad sowie der Herrschaftsperiode des Imān Ãlī (656–661 u. Z.). Er versteht seine Theorie als Alternative zur imperialistischen und sozialistischen Gesellschaftskonzeption.

Khomeini will den Nachweis für die Notwendigkeit der Schaffung einer islamischen Regierung führen und argumentiert, daß eine exekutive Macht deshalb erforderlich sei, damit das Gesetz die Menschheit reformieren und glücklich machen kann (S. 23). Diese Regierung habe jedoch nicht nur innere Funktionen, sondern müsse auch äußere Aufgaben wahrnehmen. Das islamische Regierungssystem – so polemisiert Khomeini – gleiche nicht den anderen bekannten Regierungsformen. Die islamische Regierung sei nicht absolut, sondern konstitutionell, aber nicht im herkömmlichen Sinne wie etwa das parlamentarische System oder das Volkskammmer-Prinzip, sondern konstitutionell in dem Sinne, daß die Herrscher an alle die im Koran und in der Sunna niedergelegten Bestimmungen gebunden wären. Das zeige sich in der Notwendigkeit der Beachtung des Systems und der Anwendung der Bestimmungen und Gesetze des Islam. Daher sei die islamische Regierung eine Regierung Gottes (S. 41). Der Islam verfüge über ein Rechtssystem, welches alle Lebensbereiche berühre und welches von Natur aus einen Staatsapparat benötige, der exekutiv tätig werden müsse. Der islamische Staat solle eine Judikative zur Gewährleistung der Gerechtigkeit und eine Exekutive zur Durchsetzung der Gesetze und zur Verwaltung des Staates haben. Das Parlament habe jedoch nicht die Funktion, Gesetze zu erlassen, denn die seien schon im Koran gegeben, sondern solle als eine Versammlung von Spezialisten und Experten bestehen, deren Aufgabe darin liegen soll, Programme für die Ministerien zu erarbeiten und den öffentlichen Dienst im Lande zu leiten. Ein derartiger Staat könne ohne aufgeblähte Bürokratie auskommen, da das Recht im islamischen Verständnis verinnerlicht sei. Verschiedene festgelegte Zahlungen wie khoms (20 %ige „Profit"-steuer), zakāt (Almosensteuer), kharāj (Grundsteuer) und jizya (Steuer der anerkannten religiösen Minderheiten als Kompensation für die Freistellung von militärischen Diensten) sollten nicht nur der Aufrechterhaltung der religiösen Einrichtungen und charitativen Zwecken dienen, sondern auch dem Staatsbudget zur Verfügung gestellt werden. Das islamische Recht solle im islamischen Staat herrschen.

Khomeini fordert zwei notwendige Bedingungen für den Herrscher: Er muß mit dem islamischen Recht vertraut sein und er muß gerecht sein. Dies ist gleichsam Grundlage für das Prinzip des wilāyat-e faqīh[10], zu dem er feststellt: „Wenn zur Bildung einer Regierung ein gerechter und weiser Faqih erscheint und er die Gesellschaft führt wie es der Prophet tat, so müssen die Leute ihm zuhören und ihm gehorchen. Dieser Herrscher besitzt die Macht zur Verwaltung, Sorge und Politik der Menschen wie sie der Prophet und der Führer der Gläubigen (gemeint ist Ālī) besessen haben . . .“ (S. 49). Khomeini setzt somit Prophet, Imām und faqīh der wilāya gleich im Hinblick auf die Leitung der Gesellschaft, unterscheidet jedoch – bei Beachtung des schiitischen Dogmas – zwischen den fuqahā als Kenner des religiösen Gesetzes und dem Propheten sowie dessen Nachfolgern in Verkörperung göttlicher Gewalt. Zu den Funktionen des islamischen Staates zählt der Führer der iranischen Revolution die Durchsetzung der Gerechtigkeit, die Sicherung des jedem einzelnen rechtmäßig Zustehenden, die Einnahme von Steuern und deren Verteilung gemäß den Erfordernissen der islamischen Gemeinschaft sowie den Schutz der islamischen Gebiete gegen Ausländer.

Khomeini spricht von der Illegalität des Schah-Regimes und begründet dies mit der Tyrannei, der Art und Weise der Machtergreifung und der Verletzung des Islam durch die Dynastie der Pahlawi. Folgende Schritte erachtet er als notwendig, um die islamische Regierung zu errichten:

1. Bruch mit den Institutionen, die zur tyrannischen Regierung gehören;
2. Einstellung der Zusammenarbeit mit ihr;
3. Vermeidung jeder Aktion aus der die Gegner Nutzen ziehen;
4. Gründung von neuen Rechts-, Finanz-, Wirtschafts- und Politik-Institutionen (S. 145).

Generell verurteilt er das königliche (malakī) System, welches auf Erbschaft beruht (S. 12) und tritt deshalb für eine islamische-republikanische Ordnung ein. Wenngleich die von Khomeini vertretene Staatskonzeption von persönlichen Ambitionen und utopischen Vorstellungen geprägt ist, bietet sie unter den iranischen Bedingungen – wie noch zu zeigen ist – einigen Spielraum für die praktische Umsetzung.

Im Juni 1979 wurde in den Teheraner Zeitungen ein Verfassungsentwurf der Islamischen Republik Iran veröffentlicht und von Staatsminister Yadollah Sahabi als im wesentlichen richtig deklariert.[11] Unklar blieben lange Zeit die Modalitäten der Annahme der neuen Verfassung. Schließlich einigten sich die führenden politischen und religiösen Kräfte auf eine sogenannte Expertenversammlung, die am 3. August 1979 gebildet wurde. Innenminister Hashem Sabaghian verkündete am 30. Juni 1979 das entsprechende Wahlgesetz, welches zuvor vom Revolutionsrat und von der Regierung verabschiedet wurde.[12] 417 Kandidaten – zumeist Geistliche –[13] bewarben sich um die 73 Sitze. Am 19. August 1979 trat dieses Gremium im ehemaligen Senatsgebäude erstmals zusammen.[14] Die dem Ayatollah Khomeini nahestehende Islamisch-Republikanische Partei konnte die meisten Mandate in der Expertenversammlung auf sich vereinigen. Damit war der Weg geebnet für eine den Vorstellungen Khomeinis entsprechende Theokratisierung des Grundgesetzes. Nach etwa dreimonatiger Arbeit legte die Versammlung der Öffentlichkeit eine Verfassung vor,[15] die am 2. und 3. Dezember 1979 durch ein Referendum angenommen wurde und automatisch in Kraft trat.[16] Verschiedene Ernennungen durch Ayatollah Khomeini[17] sowie Wahlen zur Präsidentschaft und zur Nationalversammlung wurden Anfang 1980 abgeschlossen bzw. begonnen. Damit wurde der Prozeß des Aufbaus der Staatsorgane entsprechend der neugestalteten Verfassung eingeleitet.

Die Verfassung der Islamischen Republik Iran, in 175 Artikeln und 12 Abschnitte gegliedert,[18] bestimmt die Volkssouveränität nach Art. 56 als eine von Gott abgeleitete Eigenschaft. Die drei Gewalten finden ihre Legitimation auf der Grundlage der Religion, verkörpern letztlich den Willen Allahs zur Formierung des Staates. Als theoretische Voraussetzung des islamischen Gesellschaftsverständnisses wird die aktive und verantwortliche Rolle des Menschen bei der Gestaltung der sozialen Verhältnisse unterstrichen. Die dem Islam häufig auch auf diesem Gebiet unterstellten fatalistischen Züge werden expressis verbis negiert.

Nach Art. 12 gilt der Islam schiitisch – ja' faritischer Richtung als offizielle Religion des Landes. Gleichzeitig werden die anderen islamischen Richtungen respektiert. Zoroastrier, Juden und Christen genießen als religiöse Minderheiten Anerkennung. Obwohl als unveränderlich festgeschrieben, wurden bereits im Januar 1980 Bestrebungen von Ayatollah Khomeini unterstützt, die islamischen Glaubensrichtungen generell gleichzustellen.[19] Dies widerspiegelt Khomeinis grundsätzliche Auffassung von der Gleichheit aller Muslims und wurzelt im Einheitsbekenntnis, dem tauhīd. Die Islamische Republik Iran basiert gemäß Art. 1 bis Art. 4 auf den geheiligten Prinzipien des Islam sowie auf dem Vermächtnis der von Khomeini geführten Revolution.

In Übereinstimmung mit Khomeinis Staatskonzeption wurde das islamisch-schiitische Prinzip des wilāyat-e faqīh in der Verfassung verankert. An der Spitze des Staates soll ein gerechter, frommer und anerkannter islamischer Rechtsgelehrter stehen, der zur Regelung der Angelegenheiten der Menschen sowie zur Führung der islamischen Gemeinde befähigt ist. Am 12. September 1979 beschloß die Expertenversammlung mit überwiegender Mehrheit,[20] Art. 5 entsprechend zu formulieren und den Verfassungstext vom Juni 1979 zu ergänzen. Einige religiöse Gelehrte (z. B. Ayatollah Shariat Madari) haben wiederholt vor einem staatlichen Mißbrauch des Prinzips gewarnt, wenngleich Konsens darüber besteht, daß das wilāyat-e faqīh islamisch-schiitischer Provenienz und seine Durchsetzung religiöses Gebot sei.[21] Art. 107 läßt keinen Zweifel daran, daß Khomeini auf Lebenszeit dieses faqīh verkörpert.[22] Damit wird das Amt des höchsten staatlichen Repräsentanten verfassungsrechtlich einem Geistlichen anvertraut, der die Einheit von Politik und Religion auf zentraler Ebene garantieren soll.

Gleichzeitig wird rechtlich fixiert, daß im Falle des Nichtvorhandenseins eines derartigen Führers ein Führungsrat die jeweiligen Funktionen wahrzunehmen hat. Gemäß Art. 57 stehen Parlament, Exekutive und Judikative unter Kontrolle des faqīh, während der Präsident als Koordinator der drei Gewalten tätig wird. Einige wichtige, einer Präsidialrepublik typische Prärogative des Präsidenten wurden so mittelbar oder unmittelbar dem höchsten islamischen Rechtsgelehrten übertragen, wie die Ernennung des Generalstabschefs der bewaffneten Kräfte, die Berufung des Generalstaatsanwaltes und des Obersten Richters, die Ernennung des Chefs der Revolutionsgarden, die Erklärung von Krieg und Frieden (vgl. Art. 110). Art. 109 legt zwei notwendige Bedingungen für den faqīh fest:

1. Qualifikation zur Führung und
2. Verstand zur Führung.

Damit findet das Prinzip des wilāyate-e faqīh – wie von Khomeini theoretisch begründet – in nahezu reiner Gestalt Eingang in die Verfassung der Islamischen Republik Iran.

Ein Rat zum Schutz der Verfassung soll nach Art. 91 gebildet werden, dem die Entscheidung obliegt, ob ein von der Nationalversammlung angenommenes Gesetz dem Islam und den Grundsätzen der Verfassung entspricht. Falls ein Gesetzentwurf nicht die Zustimmung des Rates zum Schutz der Verfassung erhält, kann er nicht geltendes Recht werden. Das aus 12 Mitgliedern bestehende Gremium ist zur Hälfte aus islamischen Rechtsgelehrten, die der faqīh bestimmt, und zur anderen Hälfte aus Juristen, die die Nationalversammlung festlegt, personell zusammengesetzt. Daraus erklärt sich, daß der Führer der Revolution auch mit Hilfe dieses Instituts Einfluß auf die Staatspolitik nehmen kann, obwohl gleichermaßen andere hohe geistliche Würdenträger in die Lage versetzt werden sollen, ihre Meinungen und Ansichten vorzubringen und einfließen zu lassen. Des weiteren fällt dem Rat die Aufgabe zu, die Verfassung entsprechend zu interpretieren (Art. 98) sowie die Aufsicht über Präsidentschaftswahlen, Wahlen zur Nationalversammlung und Referenden zu führen.

Bei Existenz dieses Rates, der Züge einer bürgerlichen Verfassungsgerichtsbarkeit trägt, kann die Nationalversammlung nicht selbständig und unabhängig wirksam werden, bestimmen letztlich einige Geistliche über die Rechtsmäßigkeit von Parlamentsbeschlüssen. Dies entspricht islamisch-schiitischen Vorstellungen, ist jedoch – wie die Verfassungsgeschichte Irans zeigt – eng an das innerstaatliche Kräfteverhältnis gebunden.

Art. 167 ermächtigt die Richter, auf der Basis von Präzedenzfällen oder islamischen Quellen Urteile zu fällen, um die Rechte und Freiheiten der Menschen zu garantieren sowie Abweichungen von den Grundsätzen des Islam zu verhindern. Alle Gesetzesakte sollen mit der Religion korrespondieren, die Herrschaft des islamischen Rechts im islamischen Staat auf diese Weise für den einzelnen spürbar werden. Khomeinis Credo der Einheit von Recht und Religion findet so seinen folgerichtigen Niederschlag auch auf dem Gebiet der Justiz.

Die sogenannten Revolutionsgarden dienen gemäß Art. 150 in der Islamischen Republik Iran dem Schutz der islamischen Revolution. Ebenso sind die anderen bewaffneten Kräfte für die Aufrechterhaltung der staatlichen Ordnung im Lande verantwortlich. In der Zeit der blutigen Auseinandersetzungen mit den Getreuen des Schah gebildet und auf den Kurs Khomeinis eingeschworen, sollen sich die Garden als Stabilisierungsfaktor der Macht des Klerus und Rückgrat der islamischen Ordnung erweisen. Es läßt sich bereits heute voraussehen – und einige Indizien dafür liefern die gegenwärtigen Ereignisse in Iran –, daß das Verhältnis der einzelnen bewaffneten Formationen zueinander nicht widerspruchsfrei ist und ein ernstes innenpolitisches Problem werden kann.

Die Bestimmungen zu den ökonomischen und Finanz-Angelegenheiten (Abschnitt 4) umreißen nur sehr vage, daß privater Besitz nicht den islamischen Gesetzen zuwiderlaufen darf. Die Aussagen zum staatlichen, kooperativen und privaten Sektor tragen keinen spezifisch-islamischen Charakter, sondern stellen sich objektiv als kleinbürgerliche Wirtschaftsstrategie dar. Analog dazu sind die Grundrechte der Bürger durch den Hinweis auf ihre notwendige Vereinbarkeit mit dem Islam eingeschränkt (vgl. Art. 24, Art. 27).

Khomeinis Anspruch, religiöse über nationale Fragen zu stellen, findet auch im Art. 152 der Verfassung seine konkretrechtliche Gestalt. Danach soll der islamische Staat in Iran die Interessen der Muslims in aller Welt verteidigen. Panislamisches Gedankengut, als Islamischer Internationalismus in Iran bezeichnet, wurde zur Staatsdoktrin und dient als außenpolitische, ideologische Orientierung und innenpolitischer Faktor der Mobilisierung der Volksmassen.[23]

Obwohl die Islamische Republik Iran erst am Anfang ihrer Entwicklung steht, läßt sich aufgrund der bedeutenden Rolle, die die Religion und der islamisch-schiitische Klerus im Verlaufe der Revolution 1978/1979 gespiegelt hat, sowie bedingt durch das bei großen Teilen der Bevölkerung weitgehend religiöse Bewußtsein die Schlußfolgerung ziehen, daß die politisch-staatliche Entwicklung des Landes auch in Zukunft nicht unabhängig vom Islam verlaufen wird. Zwar werden – wie bereits angedeutet – im Laufe der Zeit Veränderungen einzelner verfassungsmäßiger Aussagen durchaus möglich und wahrscheinlich sein, bestimmte Formulierungen neu interpretiert werden, auch jähe Wendungen nicht ausgeschlossen sein, jedoch dürfte die pro-kapitalistische Tendenz der iranischen Republik auf lange Sicht immer stärker zum Vorschein kommen.

Anmerkungen

1 Czepuck, H., Der Iran bebt, Berlin 1980, S. 28.
2 Alijev, S. M., Antimonarchitscheskaja i antiimperialistitscheskaja Revoljuzija v Iranje, in: Narodij Asii i Afriki. Moskva 1979, Nr. 3, S. 45.
3 Iran, Herausgegeben vom Informationsministerium, Teheran 1971, S. 53.
4 Ritter, W., Der Iran unter der Diktatur des Schah-Regimes, Frankfurt Main 1979, S. 176.
5 Chimelli, R., Erfahren im Kampf gegen Usurpatoren, in: Süddeutsche Zeitung, München 10. 2. 1979, S. 8.
6 Problem des Friedens und des Sozialismus, 1980, Nr. 2., S. 261.
7 Archiv der Gegenwart, Bonn, Wien, Zürich 30. 9. 1979.
8 Übersetzt etwa: Der islamische Staat.
9 Im folgenden wird auf die in arabischer Sprache vorliegende Ausgabe seines Werkes Bezug genommen. Ayatollah Khomeini, Die islamische Regierung (al-ḥukūma al-islāmīya), Beirut 1979.
10 Übersetzt etwa: Herrschaft eines faqīh (Theologen).
11 Draft Constitution. in: Teheran Times, Teheran 17., 18., 19., 20. und 21. 6. 1979.
12 Die Post, Teheran 9. 7. 1979.
13 Iran Week, Teheran 10. 8. 1979.
14 Iran Week, Teheran 24. 8. 1979.
15 Neue Zürcher Zeitung, Zürich 17. 11. 1979.
16 Neues Deutschland. Berlin 5. 12. 1979.
17 Chef des Obersten Gerichtes, Generalstaatsanwalt, 6 Mitglieder des Rates zum Schutz der Verfassung.
18 Final Constitution, in: Teheran Times, Teheran 18. 11. – 27. 11. 1979 (Englisch) sowie in: Ettelā'āt, Teheran 17. 11. 1979 (Persisch).
19 Neues Deutschland, Berlin 21. 1. 1980 und Ettelā'āt, Teheran 20. 1. 1980 (Persisch).
20 53 der 73 Abgeordneten stimmten für diesen Artikel, 8 sprachen sich dagegen aus, 4 enthielten sich der Stimme, 8 blieben der Abstimmung fern.
21 Ettelā'āt, Teheran 21. 9. 1979 (Persisch).
22 The Middle East, London Februar 1980, S. 31.
23 Ettelā'āt, Teheran 3. 4. 1980 (Persisch).

Autorenverzeichnis

Prof. Dr. Herbert Graf
Leiter des Lehrstuhls Staatsrecht junger Nationalstaaten der Akademie für Staats- und Rechtswissenschaft der DDR, Potsdam-Babelsberg
Prof. Dr. Gerhard Brehme
Leiter des Lehr- und Forschungsbereiches Afrika der Sektion Afrika- und Nahostwissenschaft der Karl-Marx-Universität, Leipzig
Prof. Dr. Klaus Hutschenreuter
Sektion Afrika- und Nahostwissenschaft der Karl-Marx-Universität, Leipzig
Prof. em. Dr. Herbert Kröger
Institut für internationale Beziehungen der Akademie für Staats- und Rechtswissenschaft der DDR, Potsdam-Babelsberg
Prof. Dr. Helmut Faulwetter
Leiter des Lehrstuhls für Internationale ökonomische Beziehungen im Institut für Ökonomik der Entwicklungsländer der Hochschule für Ökonomie „Bruno Leuschner", Berlin
Prof. Dr. Horst Trauer
Zentralinstitut für sozialistische Wirtschaftsführung beim Zentralkomitee der SED, Berlin
Prof. Dr. Werner Gramann
Akademie für Staats- und Rechtswissenschaft der DDR, Potsdam-Babelsberg
Dr. Stephan Friedländer
Sektion Asienwissenschaft der Humboldt-Universität, Berlin
Dr. Ingo Schönfelder
Sektion Afrika- und Nahostwissenschaft der Karl-Marx-Universität, Leipzig
Dr. Hans-Georg Ebert
Sektion Afrika- und Nahostwissenschaft der Karl-Marx-Universität, Leipzig

Bei Fragen zur Produktsicherheit wenden Sie sich bitte an:
If you have any questions regarding product safety,
please contact:

Walter de Gruyter GmbH
Genthiner Straße 13
10785 Berlin
productsafety@degruyterbrill.com